ヒットの崩壊

柴 那典

JN229689

講談社現代新書
2399

はじめに

「最近のヒット曲って何？」

そう聞かれて、すぐに答えを思い浮かべることのできる人は、どれだけいるだろうか？よくわからない、ピンとこないという人が多いのではないだろうか。

かつてはそうではなかった。昭和の歌謡曲の時代も、90年代のＪ－ＰＯＰの時代も、ヒット曲の数々が世の中を彩っていた。毎週のヒットチャートを見れば、何が流行っているのか一目瞭然だった。テレビの歌番組が話題の中心にあった。

でも、今は違う。シングルＣＤの売り上げ枚数を並べたオリコンのランキングを見ても、それが果たして何を示しているのか、判然としない。流行歌の指標がどこにあるのかわからない。それが今の日本の音楽シーンの実情だ。

果たして何が起こっているのか？

「音楽不況だからしょうがない……」

そんなことを言う人もいる。確かにＣＤの売り上げは右肩下がりで落ち込んでいる。

しかし、音楽の〝現場〟には、今も変わらぬ熱気がある。それは、音楽ジャーナリストとして20年近くロックやポップ・ミュージックについて取材と批評を続けてきた筆者の正直な実感だ。音楽フェスの盛況、ライブ市場の拡大もそれを裏付ける。

では、なぜヒットが生まれなくなったのか？　実は、それは音楽の分野だけで起こっていることではない。

ここ十数年の音楽業界が直面してきた「ヒットの崩壊」は、単なる不況などではなく、構造的な問題だった。それをもたらしたのは、人々の価値観の抜本的な変化だった。「モノ」から「体験」へと、消費の軸足が移り変わっていったこと。ソーシャルメディアが普及し、流行が局所的に生じるようになったこと。そういう時代の潮流の大きな変化によって、マスメディアへの大量露出を仕掛けてブームを作り出すかつての「ヒットの方程式」が成立しなくなってきたのである。

本書は様々な角度から取材を重ね、そんな現在の音楽シーンの実情を解き明かすルポルタージュだ。ミュージシャン、レーベル、プロダクション、テレビ、ヒットチャート、カラオケなど、それぞれの現場の人たちが時代の変化にどう向き合っているのか。その言葉は、たとえ音楽に興味がない人にとっても、あらゆる分野で「ヒット」が生まれなくなっている今の時代を読み解くためのキーになるのではないかと思う。

本書の構成は以下のようになっている。第一章では、90年代から現在に至るまで、音楽ビジネスを巡る状況がどう変わってきたかを解説する。日本の音楽シーンを代表するヒットメーカーとして、音楽プロデューサー・小室哲哉と、いきものがかり・水野良樹という二人の作り手に話を聞き、それぞれのスタンスと、ヒット曲についての考え方を探る。

第二章ではヒットチャートの変化に迫る。極端な結果を示すようになったオリコン年間ランキングから、「ＡＫＢ商法」とも言われる特典商法がヒットチャートを〝ハッキング〟してきた経緯を示す。そして、当のオリコン側にそのことをどう捉えているのかを尋ねる。また、複合的な指標を用いた新たなヒットチャートを掲げるビルボードの狙い、そしてカラオケランキングから見えるヒット曲受容の変化を解き明かす。

第三章はテレビの音楽番組をテーマにしている。10年代になって民放各局で放送されるようになった「超大型音楽番組」の登場、そしてその長時間化は、果たして何を意味しているのか。制作者の意識を問う。

第四章はライブ市場の拡大の背景にあるものを解き明かす。なぜフェスは盛況を続けているのか。そして大規模な演出を用いたワンマンライブやコンサートが増えてきているのはなぜか。「動員の時代」となったここ十数年の変化、そしてその向から先を探る。

第五章では、ビジネスやマーケットではなく、音楽の中身について論じる。00年代以降、日本のポピュラー音楽の潮流はどう変わってきたのか。海外への憧れとコンプレックスから解き放たれて独自の進化を果たした「J－POP」という言葉の意味合いの変化、日本発のポップ・カルチャーとして海外進出を果たしているその原動力を分析する。

そして第六章では、大きな転換期を迎えている世界全体の音楽市場の動向を見据え、日本の音楽シーンの先行きを探る。ストリーミング配信が普及し十数年ぶりにレコード産業が拡大基調となった海外で、ヒットはどのように生まれるようになったのか。ロングテール以降の時代にグローバルなポップスターが君臨するようになった経緯、そして新たな「モンスターヒットの時代」の仕組みを解き明かし、この先に訪れる未来の可能性を示す。

日本のロック／ポップス史に大きな足跡を残したミュージシャン・大瀧詠一は、かつてこう語った。

歌は世につれ、というのは、ヒットは聞く人が作る、という意味なんだよ。ここを作る側がよく間違えるけど。過去、一度たりとて音楽を制作する側がヒットを作ったことはないんだ。作る側はあくまでも〝作品〟を作ったのであって〝ヒット曲〟は聞く人が作った。

（『大瀧詠一 Writing & Talking』白夜書房）

とても鋭い洞察だと思う。

しかし、いつの間にか「歌は世につれ、世は歌につれ」という言葉自体を、あまり耳にしなくなった。歌謡曲の時代には一つの定番だったフレーズは、今はその意味合いが薄れてきている。

かつて、ヒット曲は時代を反映する〝鏡〟だった。

果たして、今はどうだろうか？

目次

第一章　ヒットなき時代の音楽の行方

1　アーティストもアイドルも「現役」を続ける時代

「音楽不況」は本当か？

「音楽が売れない」と言われ続けて、もう20年近くが経つ。

史上最もＣＤが売れた年である１９９８年に比べ、２０１５年の音楽ソフトの生産金額は40％に過ぎない。６０７４億円から２５４４億円へ。この17年でおよそ３５００億円の市場が失われた計算になる（日本レコード協会調べ）。

ＣＤを買う人は年々減っている。有料音楽配信は着実に普及し、アップル・ミュージックやスポティファイなど「聴き放題」のストリーミング配信も広まりつつあるが、現時点の日本ではパッケージ市場の減少を補うほどの規模には至っていない。

音楽業界を取り巻く環境は厳しい――。誰もがそう口を揃える。では、その主役であるアーティストたちも「生き残れない」時代になっているのだろうか？

実はそうではない。むしろ逆だ。歌謡曲全盛の80年代や、「Ｊ－ＰＯＰ」という言葉が普及した90年代に比べても、音楽不況が叫ばれるようになった00年代以降の方が、アーティストは着実にキャリアを重ね、息の長い活動を続けることができる時代になっている。

なぜそうなっているのだろうか？　この章では、まず、その疑問を解き明かしていくことから、音楽シーンの現在地を描き出そうと思う。

CDは売れなくとも、ミュージシャンは生き残る

アーティストが第一線でキャリアを重ねるようになってきた状況を如実に示すのが地上波テレビの音楽番組の出演陣だ。いつの間にか、ベテラン勢が常連になっている。

10年代に入り、夏や年末に生放送の大型音楽番組が放送されることが多くなった。テレビ朝日系『ミュージックステーション スーパーライブ』、日本テレビ系『THE MUSIC DAY』、フジテレビ系『FNSうたの夏まつり』、TBS系『音楽の日』など、数時間、ときには10時間を超える番組が定番化するようになった。

そして年末には『NHK紅白歌合戦』が放映される。全盛期に比べれば低くなったが、それでも毎年40%前後の視聴率を保っている。

その出演陣に並ぶ面々は、10年、20年以上のキャリアを重ねてきた人たちが多い。たとえば福山雅治、槇原敬之、山崎まさよし、平井堅などの男性ソロアーティストたち。そしてMr.ChildrenやスピッツL'Arc~en~Ciel、GLAYなど、20年以上も第一線に立ち続けてきたバンドたち。また、椎名林檎、浜崎あゆみ、aikoなどの女性シンガーソングライターも90年代から第一線で活躍を続けている。かつての感覚では「デビュー10周年」

と言えば充分にベテランの領域に入ってきたのだが、今ではまだまだ「中堅」のイメージだ。

アイドルグループも活動歴は長い。ＳＭＡＰはデビューから25年間「国民的アイドル」であり続けてきた。嵐も15年以上、トップアイドルの座を守り続けている。Ｐｅｒｆｕｍｅもデビューから10年以上、結成から15年以上のキャリアを経て、今なお支持を広げている。メンバーが入れ替わり続けているので同列に語るわけにはいかないが、ＡＫＢ48も２０１５年で結成10周年を迎え、モーニング娘。は２０１７年で結成20周年となる。ダンス＆ボーカルユニットとしては、２０１５年にＡＡＡ《トリプルエー》が10周年、２０１６年にＥＸＩＬＥが15周年となった。

とはいえ、若手がいないわけではない。ももいろクローバーＺやSEKAI NO OWARIやきゃりーぱみゅぱみゅやBABYMETALのように、10年代にデビューを果たし一躍人気者になったアイドルやアーティストもいる。

これらの面々も、まだデビューから日が浅いだけで「キャリアを重ねてきた」ことに関してはベテラン勢と変わらない。ヒットを飛ばし、脚光を浴び、一世を風靡したその数年後にはすっかり忘れ去られて解散や活動休止を余儀なくされる、なんてことはない。少なくとも、デビューから数年の活動を見る限りでは、そうだ。

つまり、10年代の音楽シーンは、アイドルもアーティストも当たり前のように「現役でキャリアを重ね、ステージに立ち続ける」時代になっているのだ。

「ブームはいつか終わるもの」だった90年代

当たり前のことに思えるだろうか。

しかし、90年代には決してそんなことはなかった。100万枚を超えるセールスを果たしたミリオンヒットの楽曲が連発され、「ダブルミリオン」や「トリプルミリオン」なる言葉も飛び交い、音楽産業が最も好景気を謳歌していたメガヒットの時代。それは、一方で、ミュージシャンにとっては明日の見えない時代でもあった。

ロックバンド「筋肉少女帯」のボーカリストとして一世を風靡した大槻ケンヂの自伝的小説『リンダリンダラバーソール』には、その時代の空気が如実に描き出されている。80年代末から90年代初頭のバンドブームの狂騒を、その渦中にいた当事者の目線で描く一冊だ。フィクションではあるが、当時脚光を浴びたミュージシャンたちが実名で登場する。

90年代、日本には空前のバンドブームが訪れていた。原宿駅前の歩行者天国（ホコ天）でのアマチュアバンドの演奏がテレビや雑誌で取り沙汰され、『三宅裕司のいかすバンド天国』（イカ天）という番組が人気に火をつけた。小さなライブハウスに立っていたバンドマンがある日突然スターとなり、訪れたブームに舞い上がり、翻弄される。そしてある日突然、波が引くようにそのブームが消滅する。

武道館公演を成功させたばかりのバンドが、次のツアーを発表したところ、全会場で10分の1も券が売れず、ツアー総てが中止となる、などというような異常事態がアチコチで発生するようになった。

某バンドをホールに見に行ったところ、数千人入る会場に客は100人もいなくて、開き直ったメンバーにステージから〝出席〟を取られたこともあった。

（大槻ケンヂ『リンダリンダラバーソール』メディアファクトリー）

同書には、当時のヒットが一過性の熱狂でしかなかったことが生々しく描かれている。バンドブームだけではない。90年代は、次々と社会現象的なヒットを生み出しては下火となっていくアーティストが、毎年かわるがわる現れるような時代だった。ドラマやCMとのタイアップから火がつき、カラオケでそれを歌うためにシングルCDが飛ぶように売れるものの、あっという間にその波は去っていく。

人気はいつまでも続かない。それが当時の常識だった。

「遅咲きバンドマン」が武道館へ

そこから20年あまりが過ぎ、バンドブームを巡る状況はどう変わったか。

その変化を象徴するような存在が「人間椅子」だ。

和嶋慎治（ボーカル／ギター）を中心に結成され、1990年にメジャーデビューした3人組ロックバンドの彼らは、前述のバンドブームの最盛期に『イカ天』に出演し一躍人気となった。特異なキャラクターもあいまって一気にブレイクを果たすが、その後人気は急降下。メジャーレーベルとの契約も失い、音楽だけでは食っていけない現実に直面する。

しかし、そんな苦闘の時期が続いてきた人間椅子は、10年代に入り、結成25周年を経て再ブレイクを果たしている。長年鍛え上げてきた演奏とパフォーマンスが動画投稿サイトやソーシャルメディアで話題を呼んで徐々に動員を増やし、2015年にはデビュー以来23年ぶりとなる渋谷公会堂でのワンマンライブを実現させた。

バンドブーム時代から交流のあった大槻と和嶋は、筆者の取材に対し、その変遷をこんな風に振り返っている。

和嶋　僕も30代は本当に苦しい時期でした。それが厄年まで続きました。一番大きな理由は売れなくて、バンドじゃ食えなかったこと。ちゃんと定期的にアルバムを作っていたんですが、それでは生活もできず、アルバイトを10年以上続けていて。でも末端の力仕事ぐらいしかないし、だんだんキツくなってくる。30代半ばで「もう就職したほうがいいのかな」って考えもよぎりました。

（中略）

大槻（引用者注・今は）お互いにすごくいい流れのなかでやれていますよね。ほかにも今は50近いロックミュージシャンが頑張っているし。怒髪天も結成30周年で武道館をやったし、フラカンの武道館も決まった。オジさんがロックバンドで頑張っている姿が、ちょっとでも皆さんに明るい希望を与えられたらいいな、と。

（『ＳＰＡ！』２０１５年４月14・21日合併号、取材は筆者）

ここで大槻が挙げている二つのバンド「怒髪天」と「フラワーカンパニーズ」（通称フラカン）も、やはり90年代にデビューしたものの、ヒット曲に恵まれずメジャーレーベルとの契約を失ったバンドだ。

怒髪天は北海道出身の４人組パンクバンド。１９９１年にメジャーデビューを果たしたが、大きなヒットを飛ばすことなく１９９６年に活動を休止する。しかし１９９９年にインディーズで活動を再開した彼らは２００４年に再びメジャーレーベルに復帰。その後じわじわと支持を広げ、２０１４年には結成30周年を記念して「デビュー最遅」での武道館公演を成功させた。ボーカル／ギターの増子直純は様々なインタビューで「バンド全員がバイトを辞めて音楽一本で食えるようになったのは40歳を過ぎてから」と語っている。つまり00年代後半のことだ。

フラワーカンパニーズは名古屋出身の４人組ロックバンド。１９９５年にメジャーデビューするも、やはりヒット曲には恵まれず２００１年に契約終了となる。しかしその後彼らは全国各地のライブハウスを回り、ロックフェスへの出演を通して徐々に人気を増していった。そして２０１５年にはデビュー20周年を記念して初の武道館公演を実現させた。

その流れはさらに続いている。２０１７年には、デビュー30周年を迎えるザ・コレクターズがやはりキャリア初の武道館公演を開催する。

こうして、ヒットには無縁ながら徐々に動員を増やしてきた「40～50代の遅咲きバンドマン」が武道館のステージに立てるようになった。

90年代のメガヒットの時代、00年代の市場縮小期を経て、粘り強く活動してきたベテランバンドが全盛期を更新し、元気に活動している状況は、10年代の音楽シーンを象徴するもう一つの現象と言っていいだろう。

終わらなかった「アイドル戦国時代」

バンドやミュージシャンだけではない。アイドルグループも「長く続けられるもの」になってきている。

かつては全くそんなことはなかった。たとえば、秋元康のプロデュースにより１９８５年にデビューした「おニャン子クラブ」は、彼女たちを生み出した番組『夕やけニャンニャン』の終了と共にわずか2年半で解散。１９８７年にデビューし社会現象的な人気を築き上げた光ＧＥＮＪＩも、90年代に入るとブームは沈静化、大きく人気を落としている。アイドルグループの「寿命」は数年。それが90年代までの常識だった。

しかし、10年代のアイドルシーンはかなり様相が違うものになっている。前述の通り、嵐やＰｅｒｆｕｍｅは、デビューから10年以上のキャリアを経て、今なお第一線で活躍を続けている。モーニング娘。やＡＫＢ48などのように「○期生」のような形でメンバーの加入と卒業を繰り返し、メンバー編成を新陳代謝していくことで存続していくアイドルグループの存在も当たり前になった。

10年代前半は、「アイドル戦国時代」という言葉がメディアを賑わせることも多かった。ＡＫＢ48、ももいろクローバーＺがブレイクし、女性アイドルグループの市場は一気に拡大した。ただ、その一方で、80年代のアイドルブームの熱狂と終焉を知る多くの関係者は「このブームは長く続かない」と考えていた。

しかし、そうはならなかった。

2011年に刊行され「アイドル戦国時代」という言葉をいち早く広めた岡島紳士＋岡田康宏『グループアイドル進化論――「アイドル戦国時代」がやってきた！』(毎日コミュニケーションズ) には、2010年に「史上初のアイドル音楽フェス」としてTOKYO IDOL FESTIVAL (以下TIF) を立ち上げた当時の総合プロデューサー・門澤清太 (フジテレビ) のインタビューが掲載されている。

――2011年に2回目の開催の可能性は？

他の音楽フェスと違って、アイドルはたった3カ月先にどうなっているか分からないものなんですよね。例えばフジロックなら開催中に翌年のブッキングをする、ということがあるようですけど、アイドルではそれはできない。だって半年で解散しちゃうことなんてざらですから。

(岡島紳士＋岡田康宏『グループアイドル進化論』毎日コミュニケーションズ)

２０１０年時点のアイドルは「たった3カ月先にどうなっているか分からない」ものだった。しかし状況は変わった。出演アイドル45組、観客５０００人でスタートしたＴＩＦは、年々その規模を増し、２０１６年には３０１組のアイドルが出演し7万５０００人以上が集まる巨大イベントに成長した。

「ここ数年で、アイドルがブームではなく文化として受け入れられる素地ができた」

２０１４年に雑誌『ＡＥＲＡ』のアイドル特集での筆者の取材に対し、門澤はこう語っている。

「アイドル戦国時代」は、単なるブームには終わらなかった。トレンドとして消費されてしまうのではなく、日本のポップ・カルチャーの一角として、きっちりと根付いてきた。それは、10年代のアイドルシーンの移り変わりを見ていての筆者の正直な実感でもある。

音源よりもライブで稼ぐ時代

では、なぜ「音楽は売れない」のに「バンドもアイドルも生き残る」時代になったのか？

そこには、一つのシンプルな解答がある。

音楽業界の構造が変わり、いまや音源よりも興行が重要な収益となっているから。つま

音楽ソフト生産額の推移

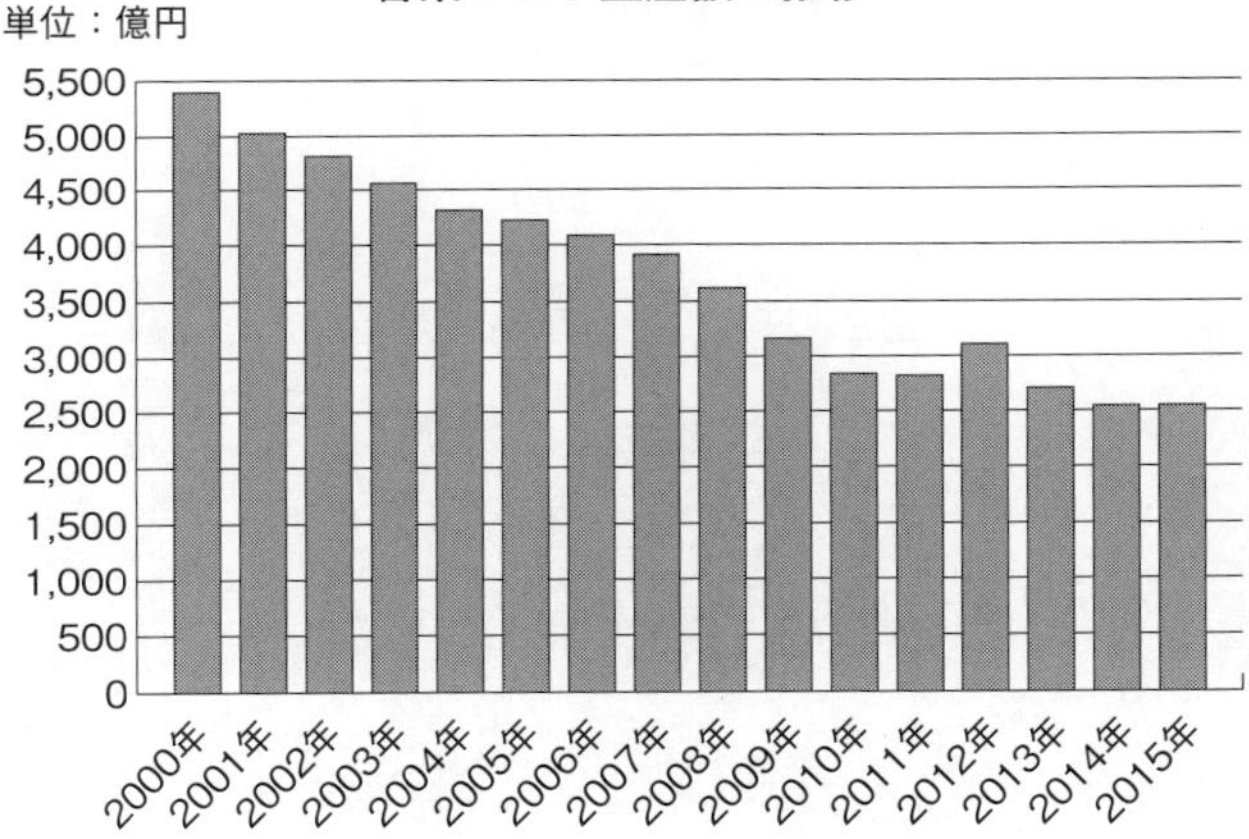

日本レコード協会調べ

り、ＣＤよりもライブで稼ぐ時代になっているのだ。市場規模の変化をグラフ化するとそのことがハッキリする。

縮小が続く音楽ソフト市場に比べ、ライブ・エンタテインメント市場は好況だ。10年代初頭から動員数も売り上げも右肩上がりで拡大が続いている。

ぴあ総研の調べによると、２０１５年の音楽ライブ・エンタテインメントの市場規模は３４０５億円。２０１０年からの５年間で２倍以上に市場が拡大した。この数字は、前述した２０１５年の音楽ソフトの市場規模（約２５４４億円）をすでに追い抜いている。

音楽フェスの定着と拡大もここ十数年の音楽シーンの大きな変化だ。フジロックや

音楽ライブ市場の推移

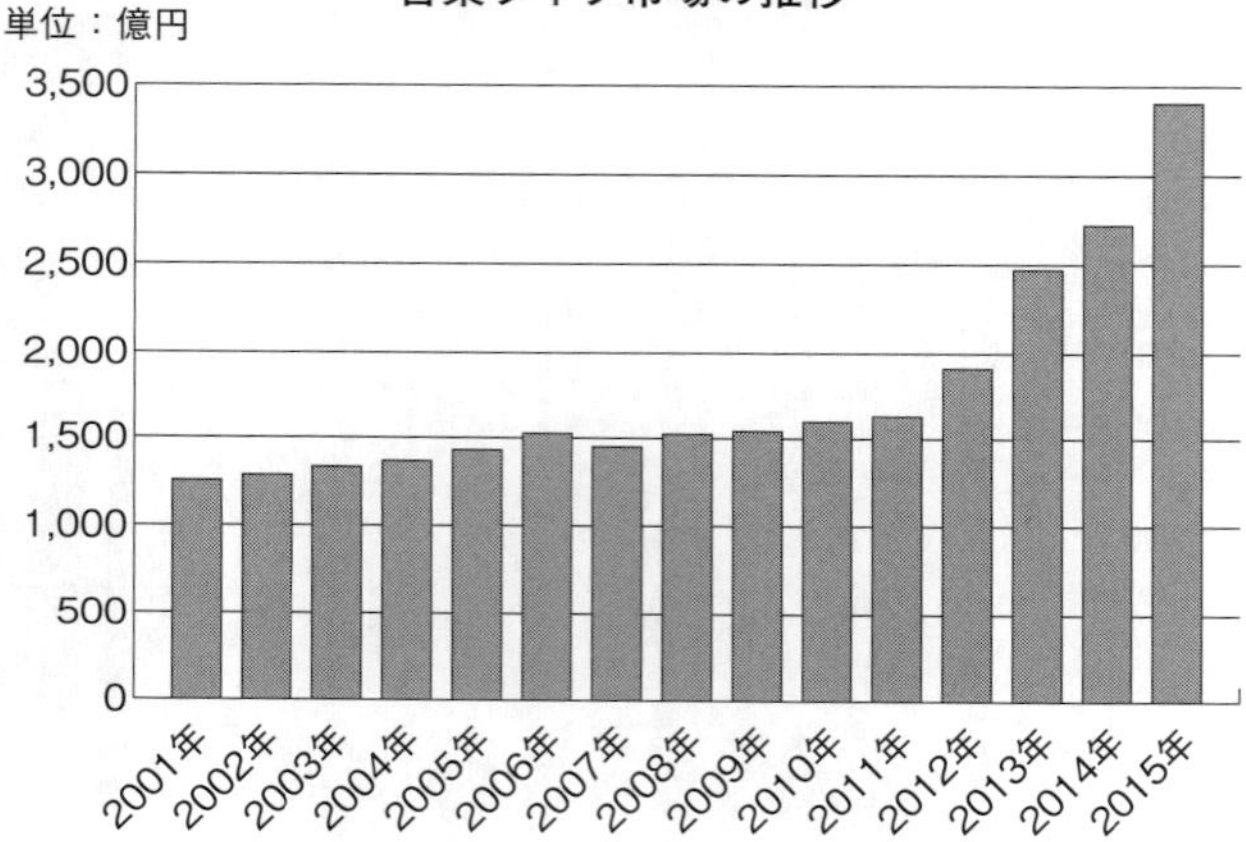

ぴあ総研調べ

サマーソニック、ロック・イン・ジャパン・フェスなど夏の大規模な野外フェスだけでなく、年末年始やゴールデンウィークや秋の連休も含め、一年中、様々なジャンルの音楽フェスティバルが全国各地で開催されるようになった。

アーティストにとって、ライブは大きな収益源となっている。90年代以前はライブに積極的でないスタンスのアーティストも多かったが、しかし、今のポピュラー音楽を巡る状況の中では、そういった活動のあり方が成立する例は少ない。

ＪＡＳＲＡＣが発表している「著作権使用料等徴収実績」の推移もこのことを裏付ける。種目別に見るとオーディオディスクなど「録音」部門は数字を落とし、その一

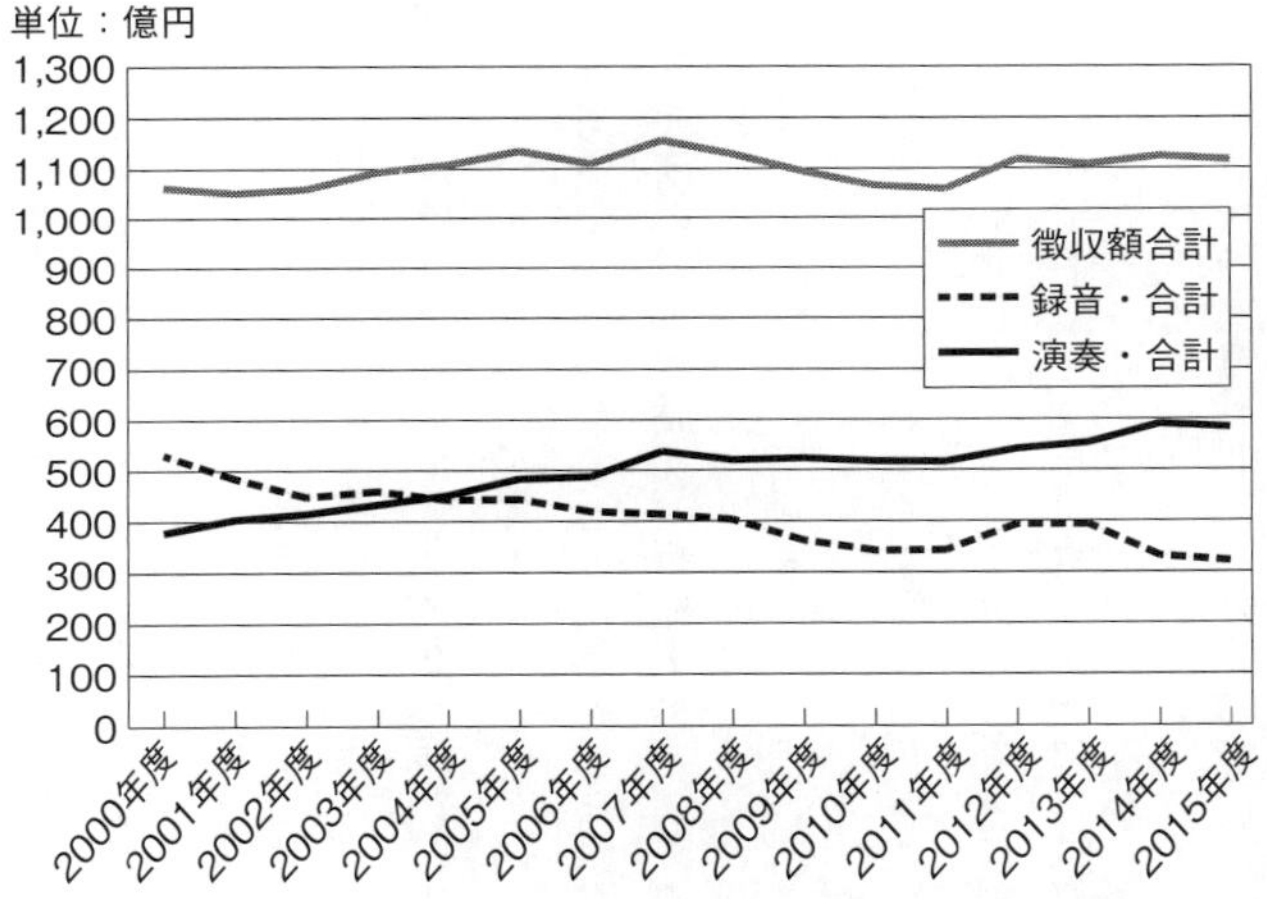

JASRAC「著作権使用料等徴収実績」より

方「演奏」部門が伸張している。その総額は２０００年から２０１５年、微増と微減はあるものの１０００億〜１２００億円の間で推移し、大きな変動は見られない。

生の体験が重要になってきたという時代の変化を通して、音楽業界の産業構造も変わってきた。それによって実力あるアーティストはむしろタフに活動を続けることが可能になったのだ。

失われた「ヒットの方程式」

では、その半面で失われたものは何だったのだろうか？

２０１３年１月、『週刊ダイヤモンド』が「誰が音楽を殺したか？——Who's killing Music?」という特集を組んでいる。「音楽産業は崩壊するか」「音楽家は生き残れるか」と、なかなかに刺激的な見出しが乱発される記事の中に、こんな一節がある。

「時代を彩るような新人がなかなか出てこない」

業界関係者は一致してこう話す。ＡＫＢ48らアイドルは社会現象となったが、音楽にだけ携わるアーティストでは、大ヒットを連発する人材はなかなか出てこない。

数年前までは純粋にロックやダンスを目指す本格ミュージシャンでもアルバムが10万枚単位で売れることは多々あった。だが、「今は数万枚でよいほう」と先の音楽事務所の幹部は話す。特に中堅ランクの落ち込みは顕著だ。

（『週刊ダイヤモンド』２０１３年1月12日号）

この記事では若手のアーティストがヒットを飛ばすことが難しくなった理由を二つ挙げている。一つは、レコード会社が新人に投資する余裕がなくなったこと。そしてもう一つは、かつて有効だったプロモーション戦略が通用しなくなったことだ。

１９９０年代は新人がドラマのテーマソングでタイアップし、音楽番組に出演すれば「次の日には2、3万枚レベルが、60万枚とかに跳ね上がった」(音楽事務所幹部)が、昨年、同じ戦略を取った若手バンドは「ほとんどチャートが動かない」(同)ありさまだった。(前掲誌)

この記述からは、90年代の音楽産業がどんな「ヒットの方程式」を用い、それがどんなビジネスとなっていたのかが、逆によくわかる。ドラマとのタイアップや音楽番組への出演などを仕掛け、とにかくアーティストをテレビに頻繁に露出させる。そこで認知を高め、話題を作れば、CDが飛ぶように売れていく。そうして得た資金を次なる新人に投下する。そういう仕組みが90年代におけるメガヒットを生み出していた。しかし、その方法論はすでに通用しなくなっている。

10年代の前提条件

では、新人や若手のアーティストはどのように夢を摑めばいいのだろうか?

日本を代表するパンクバンド「ハイ・スタンダード」のメンバーであり、現在もソロ名義の「Ken Yokoyama」としてシーンを牽引する横山健のスタンスが参考になる。彼はミュージシャンとしてだけではなく、自らが所属するインディーレーベル「ピザオブデス」

の運営にも代表取締役社長として携わる。若手バンドの発掘と育成にも力を入れる彼は「やる気ひとつ、考え方ひとつで、残ってく奴が残っていける」と言う。

僕はただのミュージシャンじゃないから。自分でレコード会社も経営して、若い奴らにいろいろ教えていかなきゃいけない立場でもあるから。やっぱりドライな状況を突きつけられてて、ドライにならざるを得ない。新人に対して「腐らずに頑張ってれば売れるから」なんて無責任なことは絶対言えないでしょ。だったら現実を認めて、バンドの名前を少しでも大きくする手伝いをしてあげるしかない。そしたらライブもやりやすくなるし、グッズだって売れやすくなるし。（リアルサウンド「横山健が今の音楽業界とインディーズ・レーベルのあり方に切り込む」２０１３年10月17日更新）

横山は「ＣＤが売れないバンドでもライブで食っていくことができる」と、10年代のロックバンドが直面している現状をポジティブに語る。ただ、その一方で、かつてのハイ・スタンダードのように１００万枚を超えるセールスを夢見られるような時代ではないと、シビアな現状認識も持っている。

それだけに、若い世代のアーティストをどう育て、どう大きくしていくか、それが厳しい道であることも認識している。そもそもメジャーレコード会社とインディーレーベルは資金も組織の規模も大きく異なる。先の『週刊ダイヤモンド』の記事では、90年代、新人アーティストに億単位の投資を行うのは珍しくなかったと業界関係者が語っている。一方で多額の投資、大規模なプロモーションをインディーレーベルが行うのは難しい。

しかし、それでも彼は「時代を彩るような新人」を世に送り出すことに成功している。2014年にピザオブデスが初めてレーベル&マネジメント契約を結んだバンド「WANIMA」がそうだ。熊本県出身の3人組ロックバンドは、まったく無名の段階から先輩バンドのツアーに同行し、各地の音楽フェスへの出演を経て、徐々にロックファンの支持を固めてきた。そして2015年11月にリリースした1stアルバム『Are You Coming?』はオリコン週間シングルランキングで初登場4位を記録。最も勢いのある若手バンドとして話題を集めると、2016年夏には『ミュージックステーション』に出演。CMタイアップも獲得し、ロックファン以外にも知名度を広げている。

この事実からは、若手バンドがブレイクに至る道程が90年代とは変わってきたことが窺える。かつてはメジャーデビューのための登竜門的な位置付けだったインディーレーベルもその意味合いが変わった。メジャーに所属することを選ばず、インディーのまま活動を続けるアーティストも増えた。さらにはインディーレーベル所属のまま「売れる」バンドも登場した。新人アーティストが夢を摑むことができるようになった。

かつてのような話題先行型の「ヒットの方程式」は失われた。しかし、アーティストが長くキャリアを重ねていくための土壌は、かつてよりも豊かになっている。若手や新人にとっても、ライブを主軸にした地道な活動の先で人気を拡大し、SNSとマスメディアの波及力を追い風にブレイクを果たすことができるようになっている。

それが、10年代の音楽シーンを語る上での前提条件となっているのだ。

2 「みんなが知っているヒット曲」はもういらない？

小室哲哉はこうしてヒットを生み出した

ここまでは、CDは売れなくともミュージシャンは生き残る時代となった10年代の音楽ビジネスの構造について語ってきた。アーティストはライブに軸足を置くようになり、一時のブームとして消費されるのではなく、ファンと共に長く音楽活動を続け、キャリアを重ねることができるようになった。

筆者の実感では、そのことをポジティブに捉えているアーティストやスタッフはとても多い。もちろん、誰にとっても楽な時代ではない。しかし「90年代の〝CDバブル〟の方がむしろ異常だった」という声を聞くことも増えた。

かつての「ヒットの方程式」は、もはや威力を失った。場合によっては、必要とすらされていない。そのことは、10年代の音楽シーンを語る上での一つの大前提だ。

では、それによって、ポップ・ミュージックのあり方やヒット曲の持つ役割はどのように変わったのか?

そのことを探るべく、音楽プロデューサー・小室哲哉のもとを訪ねた。

言うまでもなく、彼は90年代のJ-POPの主役の一人だ。安室奈美恵、篠原涼子、trf(現・TRF)、華原朋美、globeなどを送り出し、数々のミリオンセラーを生み出してきた。これまでに関わった作品の累計売り上げ枚数は1億7000万枚を超える。彼が楽曲を手掛けたアーティストは「小室ファミリー」と称され、「TKブーム」とも言われる社会現象的なメガヒットを導いた。まさに時代の寵児だった。

「今より圧倒的にシンプルな考え方、単純な図式だったたんです」

と、彼は当時を振り返る。

「80年代にCDが生まれて、それがマスに普及した。カセットテープやMDにコピーして楽しむ人もいましたけれど、当時は音質もCDが一番いいし、ジャケットや歌詞もついている。フォーマットとしてきっちり定着していたんです。作る側としても、まずはいい曲を作って、ＣＤをリリースして、それをプロモーションして売るというのが基本だった。その売り上げ枚数がオリコンのチャートになる。１位になれば『流行っている』ということになる。雑誌もテレビやラジオもそれを参考にする。ヒットが一直線の図式から生まれていたんですね。とにかくＣＤセールスの枚数をどれだけ稼ぐかが基本だったんです」

１９８３年に小室はTM NETWORKを結成、翌１９８４年にデビューを果たす。そのデビューアルバムの裏ジャケットに「Produced by TETSUYA KOMURO」と大きくクレジットが書かれていたことが象徴するように、当時からプロデューサーとしての意識は強かった。デビュー当時のTM NETWORKのＣＤの売れ行きは芳しいものではなかったが、小室哲哉自身はグループと並行して作曲家としても活動。１９８６年に渡辺美里へ提供した「My Revolution」のヒットが彼の一つの転機となる。

「『My Revolution』は、言われたことをすべてクリアしなければならないような、たくさんの制約の中で作りました。ドラマのオープニング主題歌でもあったし、『ヒット曲とは何か』ということも考えていた。職業作家に近いスタンスだったと思います」

１９８７年にはTM NETWORKもアニメ『シティーハンター』の主題歌「Ｇｅｔ Ｗｉｌｄ」をきっかけに一躍人気バンドとなる。二つのヒット曲が彼の運命を変えた。

「当時の『ヒット曲』は明確な数字でした。何枚売れたということですから、視聴率よりもっと明確だった。今の時代はライブが中心だから、『ヒットしている』と言っても、それが売り上げ枚数に直結しているわけではない。人気を示す指数のようなものになってしまっていますよね。でも、当時はそうじゃなかった。ライブのことは全部後回しだった。TM NETWORKのときも、(当時所属していた)エピック・レコードには『ヒット曲が出たら、小室くんのやりたいようなライブをやらせてあげるよ』と言われていました」

こうして小室はヒットメーカーとして頭角を現していく。1993年には、当時ユーロビートなどダンス・ミュージックの輸入卸を手掛ける新興のレコード会社だったエイベックスと組み、同社の邦楽第一弾アーティストとしてtrfの活動をスタートする。

「ゴリ押しでもいいから『これがいい』『これが今流行っているんだ』ということをCDを通して伝えていった。ユーロビートは特にそうです。欧米でこのパターンが流行っていてしかも日本人に似合っている。そういうことを見せたのがtrfだったと思います」

そして1994年にはTM NETWORKから名義が変わったTMNのプロジェクトを終了。音楽プロデューサーとして怒濤のようにヒット曲を送り出していくことになる。

彼は「売れる曲」をどのように作っていったのか。

「みんながわかりやすいものを作るということは意識していました。アレンジもシンプルで、メロディもとにかく覚えやすい。それに、僕は作曲の方から入りましたけれど、90年代に入ってからは全部自分で作ることができた。作詞家としても編曲家としても、プロセスを一人で同時進行できた。それがヒット曲をたくさん作れた理由の一つだと思います。アーティスト本人の力によるものも多かったと思いますけどね」

タイアップとカラオケがもたらしたもの

90年代は「J－POP」という言葉が徐々に広まっていった時代でもあった。

烏賀陽《うがや》弘道『Jポップとは何か――巨大化する音楽産業』（岩波書店）には、1988年10月に洋楽中心のラジオ局として開局したFMラジオ局「J－WAVE」がこの言葉の発祥だという説がある。

当時J－WAVE編成部チーフプロデューサーだった斎藤茂が、後日、新聞の取材に語った証言もそれを裏付ける。

「洋楽中心の局が流す邦楽。ニューミュージックより幅広い、新しい言葉がほしかった。議論を重ね、アメリカンポップスに対してジャパニーズポップス、でも、長すぎるというので、局の名前にも通じるJポップで行こう、となった」

（朝日新聞1999年6月5日夕刊「Jあいまいな日本の自画像（探検キーワード）」）

そしてその頃、音楽業界も大きく様変わりしようとしていた。

「CDバブル」が到来したのは1991年のことだ。タイアップがその追い風となった。

小田和正「ラブ・ストーリーは突然に」（254・2万枚）、CHAGE&ASKA「SAY YES」（250・4万枚）、KAN「愛は勝つ」（186・3万枚）など、100万枚以上を売り上げるミリオンヒットの数は前年までの1曲から7曲に増えた。これらはすべてドラマやCMや映画とのタイアップで広まった楽曲。中でも大きな威力を持ったのが、月曜夜9時からフジテレビ系で放送されるテレビドラマ、通称「月9」とのタイアップだった。

カラオケが果たした役割も大きかった。スナックや宴会場など酒席の娯楽だったそれまでのカラオケに代わって、個室型のカラオケボックスが郊外から都市に広まり、ブームを巻き起こした。さらに1992年には「通信カラオケ」が登場し、それまでの主役だったLD（レーザーディスク）式のカラオケを駆逐していった。

こうして、若者の間で「テレビで流れている新曲をカラオケで歌う」という流行消費の形が一般的になった。

ヒット曲は「聴かれる」ことではなく、10代や20代に「歌われる」ことによって生まれる。「カラオケで歌われるのがヒット曲の条件」と言われるようになった。

「Ｊ－ＰＯＰ」という言葉が広まっていくのと並行した音楽ソフト市場の急拡大。その背景にあったのは、タイアップとカラオケボックスだったのである。

「刷り込み」によってヒットが生まれた

音楽プロデューサーとして本格的に活動を始めた90年代の小室が最初にタイアップの威力を実感したのが、ＴＭＮの活動終了の直後にリリースした「篠原涼子 with t.komuro」名義のシングル「恋《いと》しさとせつなさと心強さと」だった。

「この曲、イニシャル（初回出荷枚数）が２万５０００枚だったんです。『まあ、そんなに行かないだろうな』と思われていた。それが３ヵ月経って２週連続１位になったのは『ストリートファイターⅡ』の力が大きかった」

１９９４年７月に発売されたこの曲のオリコン週間シングルランキング初登場順位は20位以下だったが、その年の８月に公開されたアニメーション映画『ストリートファイターⅡ ＭＯＶＩＥ』の主題歌に用いられたことで話題を呼び、９月、10月に同ランキングで１位を獲得する。

「映画を観た帰りに、小学生の男の子がお母さんに『これ買って』と言って、置いてあるＣＤを買ってくれたことで火がついた。映画の力、ゲームの力を借りて、枚数の結果が出た。その実数を見せたことで『売れたんだね。200万枚超えてるんだ』ということが、テレビやメディアにも広がっていった」

90年代のヒットは「指標」ではなく「数字」だった、と小室は強調する。その背景にあったタイアップの仕組みについては「『いい曲』と『売れる曲』の間の架け橋になるもの」と位置づける。

「やっぱり、刷り込みは必要なんですよね。それはたとえば映画でも同じです。たとえ面白くても、公開した時に認知度や知名度がなかったら、そこに人は集まらない。だから上映前に必死にプロモーションをかける。今の時代は、高校生から大人までいろんな人に実際に聴いてもらって『どう思う?』って訊いたら『かっこいい』とか『良い』って言ってくれる曲も多いんですけれど、その手前で、刷り込みができないままで終わっちゃうから沈んでいくような曲もたくさんある」

ヒットを生み出すために重要なのは「刷り込み」だった、と小室は言う。そのために最も効果的だったのが地上波テレビへの露出だった。

「CMでも、ドラマの主題歌でも、地上波のテレビに流れることで、楽曲をみんなに浸透させることができた。やっぱり『月9』が一番強かったですね。番組自体の視聴率も高いし、楽曲が番宣のCMにも使われる。何千万人が一気にそれを聴く。そこからCDが売れて、それがチャート1位になって、また注目を浴びる。相乗効果ですごい波及力を持っていたんです」

宇多田ヒカルの登場と20世紀の大掃除

こうして90年代に一時代を築き上げた小室哲哉。ただ、その栄華は長くは続かなかった。彼は「宇多田ヒカルの登場が僕を終わらせた」と振り返る。

「僕はヒカルちゃんが出てきた時に『時代が変わるんだろうな』って思いました。デビュー曲の『Automatic』の時点で『やばいな、これ。次の来たな』って感じて。アルバムも案の定ものすごい枚数が売れた。でも、それと同時に『これ以上はCDの枚数は稼げないだろうな』という直感もあった。限界値、一つのピークに行き着いた感じがあったんです」

宇多田ヒカルの登場は、単なる「ヒットチャートの主役交代」ではなかった。音楽ジャーナリスト・宇野維正は『1998年の宇多田ヒカル』(新潮社)の中で、デビュー時の彼女のプロモーション戦略が前述したような大型タイアップ主導のものではなかったことを解説している。彼女の登場は、様々な意味で「メガヒットの時代」だった90年代の終わりの象徴となった。

ただ、どんな時も「それがバブルだった」とわかるのは後の時代になってからだ。00年代に突入した頃は、まだマーケットの中心はCDが支えていた。

「僕自身は次に行かなきゃいけないと思っていました。だから1995年から配信の実験をしていたし、2003年に『iTunes Music Store』が始まって2005年に日本に上陸した時も、『これが最先端で、これからはこれが主流になる』と思って、ロサンゼルスまでアップルの人に会いに行っていたんです。でも、時代はまだ20世紀を引きずっていた。90年代の芸能界の人たちは『まだCDでいける』と頑張ってビジネスをしていました」

PCでのダウンロード配信は普及しつつあった。携帯電話が普及し「着うた」や「着うたフル」などのマーケットも拡大していた。しかし、どちらも単価はCDに比べると安く、収益が上がりづらい構造だった。

「着うたもダウンロードもあくまでプラスアルファでした。やっぱりCDはエンドユーザーまで届く大動脈みたいなフォーマットになってましたからね。で、その間にもテレビの音楽番組を賑わす新しいアーティストは出てくるし、その人たちには勢いではかなわない。かといって新しいことについてきてくれる人も業界の中ではすごく少ない。空回りな時代でした。振り返ると、00年代は、20世紀の〝大掃除〟が続く中で、新しいものが少しずつ生まれていた。非常に混沌とした時代だったと思います」

ＡＫＢ48とＳＮＳの原理

00年代前半にはまだＣＤバブルの余熱が残っていたが、00年代後半から10年代初頭にかけては、いよいよ音楽ソフト市場の縮小が大きく取り沙汰されるようになっていく。

その変化を牽引したのがインターネットの普及だった。小室はこう分析する。

「ＹｏｕＴｕｂｅが一番大きかったでしょうね。『映像が見れてＭＰ３と同じ音で聴けるんだったら、別にこれでいいじゃん？』と思うようになった。その時点で、音楽にお金を払うことに疑問を感じる風潮が生まれてきた。『これが21世紀なんだな』って思いました。音楽はどこでも聴けて、当たり前のように身近にあるものになった」

ネットワークの帯域が広がり、いつでもストリーミング配信の形で音楽を聴いたり動画を視聴したりすることができるようになったことで、「コンテンツを所有することへの欲求」自体が減退していった。

ツイッターやフェイスブックなどのＳＮＳが普及し、メディア環境、そして社会のあり方が大きく変わってきたのもこの頃だ。自ら発信することのハードルが下がり、身近な友人から著名人まで様々な人とネットを介してやり取りすることが容易になった。

コンテンツからコミュニケーションへの欲求の変化。それが00年代後半から10年代初頭にかけてのわずか数年間に起こったことだった。

そして、その変化に最も早くかつ効果的に対応していたのがＡＫＢ48だった。

秋元康は２００５年に秋葉原に専用劇場を立ち上げ、「会いに行けるアイドル」というキャッチコピーでＡＫＢ48のプロジェクトを始動している。当時の観客は10名程度。スタートから１〜２年は、まだ無名のグループだった。

２００７年に刊行された『48現象』（ワニブックス）という本には、グループの初期の模様やその戦略が詳細に明かされている。大きな特徴はメンバーだけでなく、ファンの発信にも大きなウェイトが置かれていること。「ヲタ」と呼ばれるコアファンのブログ紹介やインタビューにかなりの紙幅を割いている。


このような作りになっているのは、ＡＫＢの魅力が単にメンバーの女の子だけでなく、ファンやスタッフも含めたムーブメント全体にあるからだ。ファンにとってメンバーは、立場は違えど同じ場所に集まって公演を盛り上げる、近くて一体感を感じる存在だ。だからこそ同書はファンについても十分な紙幅を割いて、書名にも「現象」と付けている。ＡＫＢのキャッチフレーズは「会いに行けるアイドル」だが、それもこのような距離の近さを意味していると言っていいだろう。ファンにとってそういう楽しみ方のできるアイドルは昔からいたが、『ＡＫＢ現象』のような形で公式にそれを喧伝していったのがＡＫＢの新しさだったと言っていい。

（さやわか『ＡＫＢ商法とは何だったのか』大洋図書）

ＡＫＢ48がマスメディアに進出し全国区の知名度を得たのは、こうした参加型のシステムで濃密なファンコミュニティを築き上げた後のことだ。次の章で後述する「選抜総選挙」についても、秋元康はテレビやラジオなどでたびたび「自分でメンバーを選んだらファンから『わかってない』と言われたので、年に一度、選挙をすることにした」と始めた理由を語っている。

ブレイク後も、ＡＫＢ48は「Ｇｏｏｇｌｅ＋」や「７５５」など数々のＳＮＳを用い、メンバーそれぞれの発信、ファンとの交流に力を入れている。しかし、それ以前に、立ち上げ当初からＡＫＢ48はきわめて「ソーシャルメディア的なアイドルグループ」だったと言える。そして、ファンの発信を大きな推進力にするという意味では、その後の女性アイドルグループも基本的には同じ原理を用いている。

こうして秋元康がＡＫＢ48を成功させた方法論について、同世代で、対談でお互いのことを〝戦友〟と語ったこともある小室は、その背景をこう語る。

「テレビの地上波というのは、いわば巨大な〝分母〟なんです。何千万の人がそれを一斉に見ている。でも、21世紀に入って、その分母がバラバラになった。ソーシャルメディア以降の時代は〝パーソン・トゥ・パーソン〟ですからね。アーティストもファンも対等な立場だから、一人ひとりフォロワーを増やしていくしかない。そういう意味では、秋元康さんはさすがだったと思います」

動員の時代

10年代は、ソーシャルメディアの時代となった。マスメディアの影響力に頼らずとも、アーティスト自らがファンに向けて情報を発信し、その濃密なコミュニティの中で盛り上がりを生むことができるようになった。CDが売れずとも、YouTubeやストリーミングを介して楽曲を届けることができるようになった。

そして、ライブやコンサートの市場が拡大してきた。そのおかげで、アーティストにとっては長く活動していく土壌ができた。ブームに踊らされることなく、着実にキャリアを重ねられるようになった。

しかしその一方、ヒット曲のあり方は大きく変わった。かつてに比べて「誰もが知っているヒット曲」は生まれにくくなった。あえて極論すれば、必要なくなった、とも言える。正確に言うと、そういう「誰もが知っているヒット曲」がなくとも動員を稼ぐことができるようになってきたのである。小室はこう指摘する。

「K－POPのアーティストがわかりやすいですよね。BIGBANGは東京ドームに5万人を何日も集めることができる。もちろんファンが知っている曲は多い。でも一般の日本人がみんな知っているBIGBANGの曲って、そんなにないと思うんですよ」

韓国の人気グループ、BIGBANGが2015年11月から2016年2月にかけて行った全国ドームツアーは、東京ドーム6日間も含めた全4都市18公演に海外アーティスト史上最多となる91万人を動員した。2016年4月から5月にかけては全4都市27公演のファンクラブ会員対象のアリーナツアーを行い、こちらは28万人を動員。単純計算であわせて119万人。ミリオンセラーならぬ「ミリオン動員」を実現した形である。1万円近いチケット代を考えに入れると、これも単純計算で3000円のCDが400万枚以上売れたのと同じだけの収益が上がったことになる。

しかし、これだけの動員規模であるにもかかわらず、80年代や90年代を彩った洋楽やJ－POPの大ヒット曲の数々に比べると、「FANTASTIC BABY」「Haru Haru」「ガラガラGO!!」など彼らの代表曲の知名度は決して高いとは言えない。

音源よりもライブで稼ぐ時代になったことで、「みんなが知っているヒット曲」がなくても収益を上げることができるようになったわけである。

そういった状況を迎えているのはK－POPの世界だけではない。J－POPのシーンにおいても、ヒット曲の射程範囲はより狭いものになっている。YouTubeの再生回数を稼ぎ、CDを売り、アリーナやスタジアムで何万人を熱狂させる一方、その熱が外側に伝わらないような楽曲は多い。

ヒット曲の持つ役割が、大きく変わってきたのである。

いきものがかり・水野良樹が語るJ－POPの変化

こうして、10年代は、さまざまな意味で「ヒットの方程式」が成立し得ない時代となった。ヒット曲は、もはやお茶の間のものではなくなった。しかし、「みんなが知っているヒット曲」がなくとも、ファンを増やし、動員を稼ぎ、ライブを主軸に活動を続けていくことができるようになった。

その変化を、J－POPのシーンのど真ん中で活躍してきたアーティスト自身はどのように感じているのだろうか。そのことを尋ねるべく、いきものがかり・水野良樹にインタビューを行った。

「やっぱり、かつてはヒット曲に関するルールがもう少しシンプルだったんですね。それが、00年代の後半から10年代に入って『何をヒット曲とするのか』というルールがだんだんわかりづらくなっていった。ランキングだけではわからなくなった。だからこそ、ヒット曲というものをみんなが認識しづらくなってきたんだと思います」

彼も小室哲哉と同じく、このように指摘する。

いきものがかりは2006年にメジャーデビューしたグループだ。メンバーは、ボーカルの吉岡聖恵、リーダーでギターの水野、ギター・ハーモニカの山下穂尊という3人。「ありがとう」「YELL」「じょいふる」など数々のヒット曲を送り出し、2016年にはデビュー10周年を迎えている。

まさに彼らは00年代後半から10年代のJ-POPのシーンを代表するアーティストであるわけだが、そこに至るまでは決して順風満帆な道程ではなかったと水野は振り返る。

「僕たちにとっては、環境がどんどん厳しくなっていくことを感じる10年間でした」

デビューした当時、スタッフやサポート・ミュージシャンやエンジニアなど周囲の大人たちは、みな90年代のCDバブルを体験していた。その頃の華やかな思い出話を聞かされることも多かった。彼らが知名度を拡大していく00年代後半は、CDセールスが目に見えて落ち込んでいく期間でもあった。もし90年代にデビューできていたらもっと華々しい成功を手に入れていたはずだと周囲の大人たちから聞かされることもあったという。それでも、彼は自分たちを「運が良かった」と語る。

「2006年はまだCDも売れていたし、それを中心としたシステムがまだ維持されていた。そこでスタートすることができたのは幸せだったと思います。僕らはCDを売ることが難しくなってしまう少し前にデビューすることができた。そこでリスナーを獲得することができて、次の作品を作るための資本を得ることができた。なので、ちゃんとしたレコーディング環境を維持することができたし、僕らが演奏していただきたいと思うミュージシャンの方にオファーをすることができた。レコード会社も、ちゃんと自分たちの作品を尊重しながらプロモーションしてくれた。僕らは運良くそういう環境で活動を続けることができた。そういう意味ではすごくギリギリの、CDバブルの本当に最後の残り火があるときにデビューできたのは運が良かったことだと思うんです」

音楽は社会に影響を与えているか

90年代のCDバブルはすでに終焉を迎えた。しかし、ここまで書いてきたように、10年代のJ-POPを巡る状況は「CDは売れなくともミュージシャンは生き残る時代」となっている。パッケージ市場が縮小しても、ライブを軸に活動を続けていくことができるようになっている。

いきものがかりもライブ人気は高い。2016年の夏にはメンバー3人の地元、神奈川県海老名市と厚木市でメジャーデビュー10周年を記念した単独野外ライブを開催、4公演で10万人を動員した。そういう意味では、彼らもまたマーケットの変化に対応したグループであるとも言える。

では、水野自身はそこについてどんな風に考えているのだろうか。この先、ミュージシャンはライブ主体に活動するようになっていき、音楽シーンに「みんなが知っているヒット曲」は必要なくなっていくのか。

そう尋ねると、彼は力強く否定した。

「ヒット曲が少ないことが意味するのは、つまり、音楽という存在が社会に対して与える影響が弱くなったということだと思うんです」

「CDが売れない」とか「ライブの収益は拡大している」とか、そういう変化はあくまで音楽業界の中のトピックだ。ビジネスモデルの話と言ってもいい。しかしその外側、ポップ・ミュージックと社会との関わりに目を向けると、見えるものは変わってくる。

「僕らが青春時代を過ごしたCDバブルの時代というのは、別に音楽が好きじゃない普通の高校生の子もテレビで『HEY!HEY!HEY!』や『ミュージックステーション』を観ていた。それを観てないとみんなの話題についていけなかったんです。テレビが今より影響力が強い時代だったから、ドラマやCMで流れている曲がそのまま社会にインパクトを与えていた。しかもビジネスとしても成功していた。そういう時代を僕は見てきたんです。ヒット曲っていうのはそういうものだと思ってたんですよ」

90年代、音楽はポップ・カルチャーの主役だった。少なくとも、テレビから流れるヒット曲の数々は若者たちの話題の中心になっていた。世代の共通体験となっていた。

歌は世につれ、世は歌につれ——。ヒット曲はその時代の流行の映し鏡となる。だから、時を経ても「あの頃」を思い出すためのキーになる。そうやってポップ・ミュージックは時代の象徴となってきた。そういうヒット曲の持つ力が失われてしまうことは、音楽それ自体の価値が損なわれることにも繋がる。そこに大きな危機感がある、と水野は言う。

「たとえビジネスとして成立していたとしても、みんなが共有できるヒット曲がないということは、音楽が社会に影響を与えていると言い切れないということになってくると思うんです。そうすると、逆に社会全体から見たら、音楽はいくつかあるコンテンツのうちの一つでしかなくなってしまう。極端に言えば、どうでもいいものになってしまうんじゃないかという危惧があるんです」

バラバラになった時代を超えるために

いきものがかりのシングル曲は多くのタイアップを獲得してきた。そのことは、自分たちの作った曲を広く届けるために大きな効果を発揮した、と水野良樹は語る。

「ただ単に、僕が曲を作って、それをレコーディングしてホームページで公開したとしても、それを聴いてくれる人は果たしてどれだけいるだろうか？　って思うんです。ライブだって同じですよね。会場まで足を運んでくれた人じゃないと曲を聴いてくれない。僕は社会に影響を与えるということに憧れて音楽をやっているので、やっぱり曲の出口を得なきゃいけないということはすごく思っているんです。そういう意味でタイアップが重要であることは確かです」

自分たちのファンやその周囲に届けることを目的にするならば、ネットで音源を公開し、ライブに足を運んでもらうことだけを考えることで事足りるかもしれない。しかし、自分たちに興味のない人にまで伝えるためには、やはりタイアップは今も強い力を持っているという。かつてのような「ヒットの方程式」は成り立たなくなっているが、それでもＣＭやドラマ主題歌やアニメの主題歌は曲が広まっていくための大きなきっかけになっている。メディアを通して繰り返し耳にすることで、自然とその曲を覚えてしまう。小室哲哉は「刷り込み」という言葉でそのことを表現したが、水野は「曲の出口」という言葉でそれを言い表す。

では、なぜ彼は「音楽が社会に影響を与える」ことに強いこだわりを持っているのか。どうやら、そこには単に「売れたい」とか「人気者になりたい」ということとは違うモチベーションがあるようだ。

「今の時代って、皆さんの生活パターンも家庭によって全然違うし、何のメディアを見てるかも違う。みんながバラバラの価値観を持った、多種多様な時代になったと思うんです。だけど、そんな中で、卒業式とか結婚式とか、そういう人生のイベントというものは形骸化しながらも残っている。僕らの曲で言えば、『ありがとう』や『YELL』は、そういう場所で流れる曲になっているんですね。それから、『じょいふる』は、運動会に使われたり、幼稚園児が言葉の意味もわからないのに楽しそうに歌ってる姿を何度も見たりしている。そういうことを知ると、自分たちの曲が社会に根付いたな、影響を与えているなということを実感できる。それはすごく嬉しいことなんですね」

いきものがかりの代表曲である「ありがとう」や「YELL」や「じょいふる」は、どれも実はオリコンランキングで1位にはなっていない曲だ。CDの売り上げから見れば、大ヒットとは言い切れないかもしれない。しかし、リリースから数年経って、確実に「歌い継がれる曲」として定着してきている。そういうタイプの曲を作ることができたことに大きな達成感を感じていると言う。

「共通体験」がキーを握る

ここで水野良樹が「人生のイベント」という言葉を使ったのも印象的だ。

小室哲哉が「パーソン・トゥ・パーソン」という言い方で表現したように、ソーシャルメディアが普及した10年代は、一つのコンテンツに皆が一緒に熱狂するようなことは少なくなっている。

人々の興味は細分化され、セグメント化されてきている。「月9」ドラマが社会現象化したような時代は過去のものとなった。流行は局所的に生じ、局所的に消費されるものになっている。だからこそ、「CDが売れない」という話とは全く別の、より大きな次元で「ヒットが生まれづらい」時代になっている。

そういう時代においてもなお人々の「共通体験」になりうるものとして残っているのが、卒業式や結婚式などのイベントだ。そこを介することで、世代やセグメントを超えて曲が伝わっていくことができる。現象としてではなく、より聴き手一人ひとりの生活や人生に近いところを介して社会に影響を与えていく。それが今の時代のヒット曲のあり方と言えるかもしれない。

第二章　ヒットチャートに何が起こったか

1　ランキングから流行が消えた

異様な10年代の年間チャート

第一章では、「ＣＤは売れないがアーティストは生き残る」時代となった音楽シーンの現在の状況を、マーケットの構造の変化、そして小室哲哉といきものがかり・水野良樹の発言から読み解いていった。

音楽ソフト市場は低迷し、90年代のＣＤバブルの時代は完全に過去のものとなった。しかしその一方、ライブやコンサートの動員増が象徴するように、音楽を「体験すること」への興味と需要はいまだ大きい。

マスメディアの影響力は小さくなったが、ＹｏｕＴｕｂｅとＳＮＳがアーティストとファンが繋がるためのプラットフォームとなった。ＤＩＹで長くキャリアを重ねることのできるアーティストは増えた。そういう音楽業界の状況は「厳しくなった」のではなく、むしろ「健全になった」と捉える方が正しいだろう。

ただ、その一方で、10年代はヒット曲の生まれづらい時代となった。では、そんな10年代のヒットチャートを巡る状況はどうなったのか？　まず、２０１１年から２０１５年にかけてのオリコンの年間シングルランキングＴＯＰ５は、次のようになっている。

オリコン年間シングルランキングTOP5（2011～2015年）

2011年		
1位	フライングゲット	AKB48
2位	Everyday、カチューシャ	AKB48
3位	風は吹いている	AKB48
4位	上からマリコ	AKB48
5位	桜の木になろう	AKB48

2012年		
1位	真夏のSounds good!	AKB48
2位	GIME ME FIVE!	AKB48
3位	ギンガムチェック	AKB48
4位	UZA	AKB48
5位	永遠プレッシャー	AKB48

2013年		
1位	さよならクロール	AKB48
2位	恋するフォーチュンクッキー	AKB48
3位	ハート・エレキ	AKB48
4位	So long!	AKB48
5位	EXILE PRIDE ～こんな世界を愛するため～	EXILE

2014年		
1位	ラブラドール・レトリバー	AKB48
2位	希望的リフレイン	AKB48
3位	前しか向かねえ	AKB48
4位	鈴懸（すずかけ）の木の道で「君の微笑みを夢に見る」と言ってしまったら僕たちの関係はどう変わってしまうのか、僕なりに何日か考えた上でのやや気恥ずかしい結論のようなもの	AKB48
5位	心のプラカード	AKB48

2015年		
1位	僕たちは戦わない	AKB48
2位	ハロウィン・ナイト	AKB48
3位	Green Flash	AKB48
4位	唇にBe My Baby	AKB48
5位	コケティッシュ渋滞中	SKE48

一目瞭然の結果だ。２０１３年のＥＸＩＬＥ、２０１５年のＳＫＥ48を除き、すべての年の１位から５位までをＡＫＢ48が独占している。これは明らかに異様な状態だろう。

よく知られているように、この結果は、一部のファンが同じＣＤを複数枚購入することによって実現したものだ。ＡＫＢ48関連のグループのＣＤには、メンバーとの「握手会」に参加できる握手券や、選抜メンバーを決める「シングル選抜総選挙」の投票券が封入されている。それを求めてファンは複数枚のＣＤを購入し、そのことがセールスを押し上げる。コアなファンは何枚、何十枚、時には何百枚ものＣＤを買うようになった。こうした状況を揶揄する「ＡＫＢ商法」という言葉も広まった。その詳細は、さやわか『ＡＫＢ商法とは何だったのか』や、それに加筆した『僕たちとアイドルの時代』(星海社)に譲る。

こうしたやり方には批判もあるが、そのこと自体の是非についてここでは論評しない。ただ、少なくとも言えるのは、10年代に入ってから「ＣＤがたくさん売れること」と「曲が流行っていること」が必ずしもイコールではなくなった、ということだ。

オリコンランキングからは見えない「本当の流行歌」

10年代に入ってからの数年間は、オリコン年間シングルランキングの上位はかなり極端な状況が続いている。では、他のチャートではどうか。日本における iTunes Store でのダウンロード購入数の2015年の年間楽曲ランキングTOP5はこうなっている。

1位「Dragon Night」SEKAI NO OWARI
2位「R.Y.U.S.E.I.」三代目J Soul Brothers from EXILE TRIBE
3位「Shake It Off」テイラー・スウィフト
4位「I Really Like You」カーリー・レイ・ジェプセン
5位「シュガーソングとビターステップ」UNISON SQUARE GARDEN

こちらのチャートの結果はまったく様相が変わっている。ちなみに、同じく2014年の年間ランキングTOP5はこういう結果だ。

1位「Let It Go～ありのままで～(日本語歌)」松たか子
2位「ひまわりの約束」秦基博
3位「Story of My Life」ワン・ダイレクション
4位「Let It Go」イディナ・メンゼル
5位「Happy」ファレル・ウィリアムス

2014年の『アナ雪』フィーバーや、2015年の流行語「ドラゲナイ」など、音楽がブームを巻き起こした事例がチャートの結果に繋がっているという意味では、オリコンの年間シングルランキングよりも、iTunesの年間ランキングの方が流行の実感値に近い。

ただ、ジャニーズ系のグループなどiTunesへの配信を許諾していないアーティストの楽曲はそもそもランキングには登場しないので、これも「売れた曲」を正確に反映したチャートになっているとは言い切れない。

そこで参考になるのが、ビルボードが発表しているランキングの「ジャパンHot100」だ。こちらは2015年よりリニューアルされ、CDセールス、ダウンロード配信、動画サイトの再生回数、ラジオのオンエア数などを合算した総合チャートとなっている。

2015年の年間ランキングTOP5はこういう結果だ。

1位　「R.Y.U.S.E.I.」三代目J Soul Brothers from EXILE TRIBE
2位　「Sakura」嵐
3位　「愛を叫べ」嵐

4位　「青空の下、キミのとなり」嵐
5位　「Dragon Night」SEKAI NO OWARI

三代目J Soul Brothersが1位となり、上位に嵐のシングル3曲とSEKAI NO OWARIがランクインしている。

かつて、オリコン年間ランキングからは「その年のヒット曲」を振り返ることができた。80年代も90年代も、オリコン年間シングルランキングは、その年の流行歌を示す指標だった。そこからヒットソングの変遷を読み解くことができた。しかし10年代はそこから見えない風景が広がっている。さまざまなチャートを見比べることで、ようやく「その年のヒット曲」が浮かんでくる。

複数枚購入が当たり前になったことで、オリコンのシングルランキングから「本当の流行歌」が見えなくなった。それが、10年代に起こっている現象なのである。

「音楽は特典に勝てない」

ただし、そのことを「ＡＫＢ商法」のせいだけにするのも早計だ。

握手会の参加券などの特典を目当てにファンがＣＤを複数枚購入するというのは、ＡＫ

B48関連だけでなく他のアイドルグループにも一般的に見られる話である。また、「初回限定盤」と「通常盤」のような複数形態のパッケージを販売したり、店舗限定の特典をつけてCDを売り伸ばすことは、アイドルだけでなく他のバンドやアーティストにとっても、当たり前のやり方となっている。

こうした状況を受けて、2014年8月には、ゴールデンボンバーがシングル「ローラの傷だらけ」を、握手会の参加券やDVD、ポスターといった店舗特典を一切つけない形でリリースした。バンドを率いる鬼龍院翔はブログにてこの意図をこう説明している。

CDがバカ売れしてきた90年代を生きてきた僕らは今はCDが売れない時代と言われつつもどこかCDが売れることを願っている。

しかしもう、今消費されるCDは特典の方に需要が傾き、収録された音楽、歌のほうがオマケのようになってしまっています。

→こんなこと書かなくてもほとんどの人はわかっていると思いますが…。

でも、CDに関して色々な意見を見ているとやっぱりズレがあるように感じます。

一つ、今書いておきたいことは、CDに音楽以外の特典を付けて売ってるのはアイドルだけじゃないということ。

何故かアイドルばかりがCDの売り方について批判の的になりやすいですが、多くのバンドやアーティストが同じように今では特典を付けてCDを売っています。

僕はCDに握手の特典を付けるのを辞《ママ》めたいです。

（キリショー☆ブログ「ローラの傷だらけ」2014年7月7日更新）

結果、「ローラの傷だらけ」の初週売り上げ枚数は約4・3万枚。握手や店舗特典をつけた前作「101回目の呪い」が初週約15・8万枚のセールスだったのに対し、3分の1弱の数字となった。その結果を受けて、鬼龍院翔はブログに「誤解を恐れず言うと、僕たちのCDの売り上げ枚数でいうと音楽は特典に勝てない」と綴っている（キリショー☆ブログ「ローラ発売一週間」2014年8月26日更新）。

鬼龍院は「何を売ったかわからないまま獲得した1位より、はっきり自分の意見を無理矢理通し、自分で作った自分の作品を売ってみんなが買ってくれたことの方がはるかに嬉しいです」と続けて記している。「CDを売る」というビジネスモデル自体が、もはや音楽を生業とするミュージシャンにとってもジレンマの対象になっていることがわかる。

ただ「特典商法」を批判するのは簡単なことである。しかし彼のように生真面目にそれに立ち向かうと、「そもそも音楽を売るとはどういうことか？」という巨大な命題に向き合わざるを得ない。

そもそも、なぜCDを売るのか？　そして、なぜその売り上げ枚数を競うのか？　なぜ勝ち負けがそこに生じるのか？　彼が自らの身を挺して提示した疑問には、いまだ明確な答えが示されていない。

オリコンはなぜ権威となり得たか

なぜ鬼龍院翔はCDから特典を排除することで「音楽と向き合う」必要があったのか。なぜAKB48は握手会の参加券や投票券「そのもの」を販売するのではなく、それをCDに封入して出荷するのか。

一つの答えとして、「オリコンランキングが今もなお権威を持っているから」ということが言える。オリコンが毎週発表するCDの売り上げ枚数やランキングの数字が、いまだにメディアに対してのプロモーション効果を持っていると業界全体にみなされているからだろう。

では、そもそもなぜオリコンは権威となり得たのか？　そして、オリコン側はこの10年代の状況をどう捉えているのか？　オリコン株式会社の編集主幹、垂石《たるいし》克哉に取材した。

「オリコンがシングルランキングをスタートしたのは1968年の1月でした。その当時、僕は中学生でしたが、初めてラジオ番組でオリコンランキングを知った時の衝撃は大きかった。ものすごく画期的なランキングだったんです」

垂石はこう語る。オリコンの登場以前もレコード売り上げランキングはあった。ただ、それは山野楽器などのレコード店が独自に集計していた、その店の売り上げ枚数のランキングでしかなかった。しかも売り上げ枚数は企業秘密なので、当然公表されなかった。ラジオ局が放送していたリクエスト番組のリクエスト数を集計したベスト10も発表されていたが、「本当に売れている曲」を知るためには、そういうバラバラな情報を組み合わせて推測するしかなかった。

そんな時代において、オリコンは、初めて全国各地のレコード店の売り上げを集計したランキングを作成した。そのことが日本のポピュラー音楽の歴史において、大きな意味を持った。

「それまで、売り上げ枚数という統一基準で、徹底して正確な尺度で作られたランキングというものはなかったんです。そこが一番画期的なところでしたね。僕がこの会社に入ったのが1975年頃なんですけれど、最初に入ったのが集計部という、まさにランキングの制作を担当している部署でした。その当時はパソコンなんて当然ない。ファックスもない。毎週月曜日に日本各地のレコード店に電話して、そのお店の売り上げ枚数を手書きでメモしていくんです。それを電卓で手作業で計算する。そこから全国の売り上げ枚数の推定値を出していくという作業でした」

当初は売り上げ情報を教えることに抵抗を示すレコード店もあったそうだが、開始してまもなく、オリコンの発表するランキング自体にプロモーション効果があることが実証される。1位になった楽曲は話題を呼び、それを歌った歌手の知名度も向上し、レコードの売り上げも増した。その相乗効果でオリコン自体のブランド力も上がっていった。

オリコンランキングの大きな特徴は、それが「指数」ではなく「枚数」だったことにある、と垂石は言う。そのことがオリコンランキングの価値担保につながった。

「当時、うちの他にレコード売り上げのランキングを作っていた会社が2社あったんです。ミュージック・リサーチとミュージック・ラボというその後発2社と違って、うちは毎週の『推定売り上げ枚数』を出していた。他の会社は『指数』だったんです。指数って、結局のところ何を表しているのかわからない数字ですよね。でも、売り上げ枚数は出荷しているレコード会社側も把握している。市場に出荷したうちの何割かが売れたと推定して、その数字と比較すれば、オリコンの正確さがわかる。実は、毎週毎週のチャートは、レコード会社やプロダクションにとっての検証の場でもあったんですね。一般のリスナーからは見えない部分ですが、それを積み重ねてオリコンは信頼を得ていったんです」

「人間の対決」が注目を集める

オリコンというのは、創業時の社名でもあった「オリジナルコンフィデンス」の略称。コンフィデンスというのは、すなわち「信頼」という意味だ。正確な売り上げ枚数の推定により信頼性あるチャートを作ってきたことが、オリコンの権威の源泉となった。

では、なぜレコードの売り上げ枚数のランキングが話題を呼び、社会的な影響力を持つようになったのか？

「シングルランキングはレコードの売り上げ枚数のランキングだから、一見すると『モノのランキング』に見えますよね。でも、実はこれって、『人間のランキング』なんですよ」

垂石はこう指摘する。

「やっぱり『人間のランキング』が一番興味を持たれるんです。たとえば、うちでも書籍のランキングをやっていますが、やっぱり音楽に比べるとなかなか話題にならない。それはあまり人間のランキングとして見られていないからです。それに比べると、レコードやCDのランキングはそれを歌っている人の人気を並べたランキングになる。だからこそ、ランキングで1位になることに大きな意味がある。それに、発売日が重なると熾烈な戦いになりますよね。たとえば80年代の松田聖子と中森明菜がそうだった。00年代の宇多田ヒカルと浜崎あゆみもそう。それらのランキングが注目を集めたのも、それが『人間の対決』だからなんですよね」

モノの売り上げの数値を並べることが、そのままスターの人気の指標になる。そのことは、オリコンの創業者である小池聰行が最初に持っていた発想でもあった。

小池聰行は同志社大学在学中に、あるきっかけで人気のメカニズムに興味を持つ。目に見えない人気というものを数値化しようというアイデア、それをビジネスにしようという発想が、オリコンのスタート地点になった。

「先代社長の小池聰行は、もともと京都の修学旅行生に、大学生のアルバイトとして名所の絵ハガキを売っていたことがあったんです。その時に『絵ハガキの売り上げって、ものによってえらい差があるな』と気づいた。そこから人気というものを解明してみようと思い立った。その後いったんは就職しますが、人気解明への想いが強くなり独立し、会社を始めたんですね」

オリコンランキングは、そもそも絵ハガキ販売から発想が生まれたものだった。モノの売り上げを集計することで人気を数値化することこそが、その価値の根本にあったのだ。

ヒットチャートがハッキングされた

では、10年代に入ってからのＡＫＢ48を巡る状況にオリコンはどう対応したのか。垂石はこう語る。

「握手会や即売会ということ自体は、70年代からずっとあったんですね。たとえば演歌歌手は各地で握手会をやってレコードを売ったりしていた。ランキングにはその数字もある程度加味していました。けれど、ＡＫＢが出てきてからはそういうレベルの話ではなくなってきた。そうなったときにオリコンはどうすべきなのかということを考えて、我々なりの基準を整備して対応しました。即売会の売り上げの数字を一度全部確認させてもらって、通販会社には一般ユーザーの手元に本当に渡っているかどうかのデータも見せてもらいました。その上で、明快な基準を設けて、そこに合致しているものは数字に反映していこうということになったんです」

前述の通り、オリコンのランキングの価値を担保してきたのは、それが売り上げ枚数という一つの基準で徹底して正確な尺度で作られたものである、ということだった。そして、オリコンはその一貫した基準を守り続けることを選んだ。

シングルが売り上げ上位に入ることで話題を呼び知名度が拡大するという、ランキングの持つプロモーション効果もいまだ変わっていないと垂石は言う。

「ランキングは、今もアーティストブランディングにはとても有効に働いていると思います。ＡＫＢ48だけでなく、乃木坂46にしても欅坂46にしても、やっぱりオリコンランキングで上位になることによって急激に知名度を上げました」

そういう意味では、オリコンは自らのやり方を守って誠実にチャートを作り続けてきたと言っていい。しかし、それが持っていた「人間の対決」という魅力は、いつの間にか、ランキングの中ではなく、その外部に移行していた。

ＡＫＢ48がシングル選抜総選挙を初めて行ったのは２００９年だ。秋元康自身は、選抜総選挙を始めた理由について、テレビなどで「ファンから『わかってない』と言われたから」と語ることが多い。メディアに露出するメンバーを運営側の恣意ではなくファンの意見をもとに選抜するというコンセプトが選抜総選挙の出発点となった。しかし、まもなくそれは、グループにとって大きな意味を持つ巨大イベントに成長する。前田敦子と大島優子のライバル関係、指原莉乃の逆風からの復活と初の二連覇など、数々のドラマが生まれた。総選挙開票イベントはテレビの地上波で生放送され、高視聴率を見込める人気コンテンツに成長した。

「ＡＫＢ商法」がオリコンランキングをハッキングしたと捉える見方は多い。ただ、それを単に握手会などの特典を目当てにしたファンの複数枚購入を煽ること、それによってセールス枚数を稼ぎ宣伝効果にすることだけだと捉えると、実はその指摘は半分しか当たっていない。特典商法は他のアイドルやアーティストもやっていることだ。

むしろハッキングの本質は選抜総選挙にある。AKB48のみが「人間の対決」という仕組みをそのプラットフォームの中に内在している。人気の指標を、明確な基準によって集計された数字によってランキング化する。その独自のシステムを持っている。

かつて小池聴行が絵ハガキを売りながら気付いた「人気を数値化する」システムは、少なくともAKB48においては年に一度のシングル選抜総選挙に代替されるようになっていた。人々の耳目を集めるランキング対決も、グループ内部で行われるようになっていた。しかも、その投票券を封入したシングルは毎年圧倒的な売り上げ枚数となり、2010年から2015年に至るまで6年連続でオリコン年間ランキングの1位を記録している。オリコンランキングは二重の意味でハッキングされたのである。

そもそもCDを買う意味とは

もう少し踏み込んで考えてみよう。

そもそも「レコードを買う」「CDを買う」というのは、どういう意味を持つ行為なのか。普通に考えれば「音楽を買う」とイコールだと思う人は多いだろう。そこに録音された曲を入手するためにお金を払う。それが当たり前だと考えるのが常識的だ。

しかし、ヒット曲を巡る状況から考えると、決してそうとは言い切れないことに気付く。少なくとも「1位を獲得する」ことに意味があると考えるセールス規模においてはそうだ。そこにおいては、音楽よりも、人気や話題性そのものが商品となっている、と言える例が多数ある。

オリコンランキングの歴史自体がそのことの証明でもある。

記録に残るヒットの多くはアーティストの人気や音楽性の評価ではなく曲が持つユーモラスな話題性がブームの原動力になった「ノベルティソング」だ。特に歴代のセールス記録は「童謡」が持っている。1975年にリリースされ今も歴代最高シングルセールスを誇る「およげ!たいやきくん」は子供向けテレビ番組『ひらけ!ポンキッキ』から生まれた童謡だ。そして、ミリオンヒットが連発した90年代においても、シングルセールスの通算1位はNHK教育テレビ『おかあさんといっしょ』で披露された童謡「だんご3兄弟」だった。

00年代に入ると「CDを買う」と「音楽を買う」ということの距離はさらに広がる。ヒットチャートがファンによって「ハック」しうるものであることが示される。

菊地成孔『CDは株券ではない』(ぴあ)の中には、2005年のヒットチャートに起こった一つの騒動が取り上げられている。楽曲分析の知識を駆使してＪ－ＰＯＰの新譜を聞き、その売り上げを軽妙な筆致で予測するという連載を元にまとめられた一冊。その中で『魔法先生ネギま！』の主題歌「ハッピー☆マテリアル」がオリコン週間シングルランキング最高３位になったことについて、評論家の細野真宏との対談の中でこんな風に語られている。

今年の珍ニュースと言っていいと思うんですが、アニメ番組の主題歌がいくらヒットしてもチャート番組でなきことのように扱われる、という被差別感がアニメファンのあいだにあって、で、２ちゃんねるで呼びかけて１位になれば放送せざるを得なくなるだろうと彼らは考えたんですね。で、あるアニソンを発売日に一人20枚とか30枚とか買う。それで２位《ママ》までいったんです。もう曲は関係ない……いやなくはないんでしょうけど、とにかく僕がそれで思ったのは、株ともいえるし、宗教とか投票に近い。その曲が上位になることにこれだけ献身したという精神的な満足を得る。

（菊地成孔『ＣＤは株券ではない』ぴあ）

この本の刊行がＡＫＢ48の結成された２００５年であることはとても象徴的だ。「今年の珍ニュース」という表現を用いて指摘した菊地成孔のこの言葉は、その後のヒットチャートに起こったことを正確に予言している。

２０１６年には、菊地成孔がＣＤを買うということを「宗教とか投票に近い」と位置付けたことを裏付けるようなもう一つの出来事があった。それが、ＳＭＡＰの解散報道を機に広がったシングル「世界に一つだけの花」の購買運動だ。

２０１６年1月、マスメディアによってＳＭＡＰの解散危機が報じられると、グループの存続を願ったファンの間に「解散を阻止しよう」という動きが起こる。オフィシャルな告知とは一切関係なく、ファンはツイッターを通じて自主的に購買運動を盛り上げた。結果、同作はオリコンの1月22日付デイリーシングルランキングで1位を記録し、２月１日付週間ランキングでも週間４・７万枚を売り上げて3位にランクインする。

その後、８月14日にＳＭＡＰは２０１６年いっぱいで解散することを発表した。同作の購買運動は再び盛り上がり、約３万３０００枚を売り上げたシングルは８月29日付週間ランキングで5位に入った。

２００3年にリリースされた「世界に一つだけの花」はＳＭＡＰの代表曲の一つ。シングルは２０１５年末時点で２５０万枚以上のセールスを実現している。おそらく２０１６年になった時点でＣＤを持っていたファンはかなりの数いるだろう。収録アルバム

『SMAP 015/Drink! Smap!』やベスト盤『SMAP AID』も含めるならば、「世界に一つだけの花」という楽曲自体をすでに所有している人が、購買運動に参加したファンの大半と言っていいのではないだろうか。つまり、そう考えるならば、半年あまりの期間で10万枚規模のCDが純粋なる意思表示として買われたことになる。

すなわち、ファンがお金を払って手に入れたのは「音楽」でも「特典」でもなく、いわば見返りのない「願い」が10万枚近いCDの形として買われた、というわけなのである。

オリコンの未来像

こうして、シングルCDの売り上げがある種の「投票行動」の結果となる一方、2014年の「Let It Go～ありのままで～」のように、その年を代表するようなヒット曲が、シングルCDとしてリリースされていないという理由でランキングに登場しないこともまた事実だ。

こうした状況にオリコンはこの先どう対応しようとしているのか？　垂石はこう語る。

「たしかに今は、ランキング上位になっている曲でも、それをみんなが知っているかというと、そうとは言えない時代になりつつある。ヒット曲が生まれづらくなっている。そこはうちの業界に対する使命、ユーザーに対する使命を考えた上でも、クリアしていかなきゃならない課題だとは思っています」

年内にデジタル配信のデータをまずアルバムからランキング化する方向だという。

「50年続けてきているパッケージの売り上げ枚数のランキングは、文化的、歴史的に価値があると思っています。なので、それは守りつつ、ダウンロード配信を加えた新たな指標を作ることで、よりリアルなヒット観というものをクローズアップできるようになれば、ということは考えていますね」

一方、オリコン株式会社は新規事業に乗り出している。数万人の患者へのアンケートを基にした病院の満足度ランキングを皮切りに、さまざまなサービスの「顧客満足度」のランキングを制作し、発表している。

「これは、現在のグループＣＥＯの小池恒《こう》が始めたことです。もともとの発想は、オリコンのブランド価値を活用して、一般の人の役に立つ消費者本位のランキングを作ろうということでした。そこで、２００３年に『患者が決めた！　いい病院』という本を出した。これが大ヒットしたんです。そこから英会話学校や自動車保険など様々な業態のランキングを作っている。これは実際にそのサービスを使ったお客さんの満足度を細分化した項目設定でリサーチ、それを数値化して作っています。音楽のランキングの作り方とは全く違いますね」

現在のオリコン株式会社は、さまざまな業界の多種多様なサービスを対象にした「総合ランキング企業」として生まれ変わろうとしている。

CDや書籍などのパッケージならば、ランキングは「枚数」や「部数」で示される。しかしサービスの場合、ただ売り上げの数字やその規模を比べても意味はない。重視されるのは「数」ではなく「質」だ。

ただ、そういった新規事業の占めるウェイトが大きくなった今も「音楽産業への貢献は最重要課題の一つです」と垂石は語る。

「音楽産業なしではうちの会社は成り立ってこなかったと思っていますし、今も業界にどう貢献できるかは常に頭に入れていますね。今やオリコンも音楽産業からの売り上げよりもそれ以外の売り上げが大きくなっていますが、それでも原点は忘れずにいこうということです」

変わりゆく音楽マーケットの実情にどう対応するか。それはオリコン株式会社が向き合っている課題と言えるだろう。

2　ヒットチャートに説得力を取り戻す

ビルボードが「複合チャート」にこだわる理由

一方、オリコンとは全く違った形で、今の時代に対応したヒットチャートを打ち出しているのがビルボードだ。

前述したように、ビルボードはCDの売り上げだけではなく様々な指標を合算した複合チャートとして「ジャパンＨｏｔ１００」を発表している。アメリカで最も権威あるヒットチャートと言われる「Ｈｏｔ１００」の日本版だ。

１００年以上の歴史を持ち、エルヴィス・プレスリー、ビートルズ、マイケル・ジャクソンからジャスティン・ビーバーまで数々の「全米１位」を報じてきたビルボード。日本では２００６年に株式会社阪神コンテンツリンクがそのライセンス契約を取得し「ビルボード・ジャパン」を開設、２００８年に「ジャパンＨｏｔ１００」をスタートさせた。当時からチャート・ディレクターを務める同社の礒崎《いそざき》誠二は、そのチャート設計思想を次のように語る。

「アメリカの『Ｈｏｔ１００』は、設立当初から複合チャートとして作られているものなんです。１９５８年に始まった時は、レコードの売り上げ、ラジオのオンエア回数、ジュークボックスの再生回数を合算したチャートでした。その後も、時代に応じてさまざまな指標を取り入れたり、外したりしてきた。つまり、『ジャパンＨｏｔ１００』を名乗るためには、各種データを合算した複合チャートでなければならないというルールがあったのです。『Ｈｏｔ１００』は、シングルのセールスランキングではなく、あくまで楽曲の複合型ヒットチャートという発想で作っているランキングなんですね」

当初はＣＤのセールス枚数とラジオのオンエア回数を合算することから始まった「ジャパンＨｏｔ１００」は、その後２０１０年にＥＣ（電子商取引）サイトの実売数とiTunesのダウンロード販売数を加えて「パッケージ・エアプレイ・デジタル」の３指標によるチャートにリニューアルし、２０１３年には、ツイッターでのアーティスト名・楽曲名のツイート回数、ルックアップ（ＰＣによるＣＤ読み込み）回数をチャート指標に加えた。

「僕らはツイッターのデータから『楽曲がどれくらい話題になっているのか』を測っています。その回数から、レコード会社やメディアやアーティスト、そしてユーザー自身による発信がどのようにリアクションを集めているかを測定することができる。ルックアップは、購入だけでなくレンタルや友達との貸し借りも含めて、ＣＤを入手した人が実際にそれをＰＣに読み込ませた回数がわかる。ユーザーのアクティビティが見えてくるのです」

さらに２０１５年にはＹｏｕＴｕｂｅのミュージックビデオ再生回数（２０１６年よりＧ

ＹＡＯ！のデータも追加）、歌詞表示回数から推定したストリーミングサービス再生回数を加え、計７種類のデータを独自の係数で集計した「総合ヒットチャート」となった。

「今の時代、動画サイトでミュージックビデオを観るというのは、音楽に接触する主な方法の一つになっています。なので、その再生回数のデータを合算するのはとても有効なことでした」

ちなみに、本国アメリカの「Ｈｏｔ１００」と日本では、使用されているデータはかなり違う。アメリカではスポティファイやアップル・ミュージックなどのストリーミングサービスの再生回数がかなりの割合で加味されている。

では、なぜビルボードはチャートのリニューアルを繰り返してきたのか。指標に用いるデータはどんな判断で加えているのか。礒崎はこう続ける。

「ビルボードの考え方はあくまでリスナー目線です。リスナーが音楽にどういう形で接触しているのかを数値化したデータを様々な方面から集めて作っています。今はパッケージのセールスだけでは説得力のあるヒットチャートを作るのは難しい時代だと思うんですね。開始してからも、そこを補完するために有効なデータを加えていくことでリニューアルを繰り返してきました」

一人ひとりのリスナーが、どのように楽曲を知って、どう購入するのか。それを計測することでヒットの動向が見えてくる。音楽の聴かれ方が時代によって変わるのは当たり前だとし、その変化に応じて常にデータをアップデートするのがビルボードの考え方だ。

「ヒット」と「売れる」は違う

第一章で小室哲哉は「ヒットが『枚数』から『指数』になった」と語っていた。その言葉を当てはめるならば、あくまで「枚数」の正確さにこだわるのがオリコン、そして多種多様のデータを用いて説得力のある「指数」を編み出しているのがビルボードだと言える。

ただ、様々な指標を合算した「総合チャート」という考え方自体は、日本においても決して新しいものではない。

かつて最も影響力を持った総合チャートは、70〜80年代の人気音楽番組『ザ・ベストテン』（TBS系）のランキングだろう。同番組は、レコード売り上げ、有線放送へのリクエスト、ラジオへのリクエスト、番組に寄せられたはがきのリクエストを合わせて独自の係数で換算したポイント制で毎週TOP10を発表していた。

それゆえに、当時から『ザ・ベストテン』の1位はレコード売り上げの1位と必ずしも一致するものではなかった。田原俊彦「抱きしめてTONIGHT」など、番組で長期にわたって首位を獲得し一世を風靡した楽曲であっても、実際にはレコード売り上げの1位を獲得していなかった例は多い。

しかし、番組が終了し、歌謡曲の時代からJ-POPの時代に移り変わると、日本においては大きな影響力を持つ総合チャートがなくなっていく。相対的にオリコンランキングの存在感が増し、CDの売り上げ枚数で1位となることが大きな意味を持つようになっていった。1993年に放映開始したランキング番組『COUNT DOWN TV』(TBS系)が発表しているランキングも、基本的にはシングルCDの売り上げ枚数を重視したものだ。

00年代に入った後もその傾向は続いている。CDマーケットが縮小していく中で「着うたランキング」など新しい市場に対応したランキングを作る動きはあったが、様々な指標を合算した総合チャートの認知が広がることはなかった。

「日本で長らく認知されてきたヒットチャートは『所有』のチャートなんですね」

礒崎はこう指摘する。

ビルボードがチャートに取り込む指標には「接触と所有のミックス」というコンセプトがあるのだという。ラジオでのオンエアやYouTubeでの視聴が音楽への「接触」、パッケージやデジタルのセールスが音楽の「所有」を意味する。一見、別の指標に思えるが、チャートの動きを深く読み込むと「接触」と「所有」が互いに連動していることがわかる。

一方、CDの売り上げランキングは「所有」のみを計測したチャートだ。

「『ヒットしている』という言葉と『売れている』という言葉は、日本では同じような意味で受け取られている傾向がある。ところが、アメリカでは、そもそも『ヒットしている』と『売れている』はイコールではないんです」

たしかに英語の意味を調べてみても「ヒット」という言葉に「売れている」という説明はない。語義的には興行などが「人気を博している様子」を示す言葉だと説明されている。もちろん結果としてヒットは売れ行きの数字には結びつく。しかし、書籍など複製物の売り上げが大きいことを示す言葉としては「ベストセラー」のほうが適当だろう。

ヒットチャートについて考えていくと、そもそも「ヒットとは何か?」という大きな問いに突き当たる。そして「ヒット」と「売れる」という二つの言葉が、似たようでいて実は違う意味を持つことは、その内実を考える上でとても示唆的な事実だ。

1位の曲を思い出せるか

こうしてビルボードは10年代の音楽マーケットに即した新しい形のヒットチャートを打ち出している。開始当初は知名度も低かったが、地上波テレビ各局での露出も増え、共同通信社がそのランキングを報じるようになるなど、徐々に認知も広がっている。

その理由の一端には、オリコンランキングに対する人々の認識の変化がある。ＣＤの売り上げ枚数を上から並べたオリコンのランキング上位の曲と、人々の実感値としての「流行っている曲」が乖離しているのが感じ取れるからだろう。礒崎はこう語る。

「いろいろな人にオリコンさんのランキングを見せて『どのあたりから曲を思い出せなくなりますか？』と訊いたことがあるんです。そうすると、世代にかかわらず、00年代の後半あたりから上位の曲が思い出せなくなっていくんです」

実際のところはどうだろうか。次のページに示すのは、１９９５年から２０１５年にかけて、20年間のオリコン年間シングルランキング１位曲を並べたリストだ。

どの時代を懐かしく思うかは世代によると思うが、こうして見ると、チャートの変質は明らかだ。00年代の中盤から後半に一つの断絶があり、２００８年と２００９年は嵐が１位となる。そして10年代はＡＫＢ48が１位を独占する。もちろん嵐やＡＫＢ48が国民的なグループとして君臨しているのは間違いない。しかし楽曲自体の波及力はどうだろうか。「世界に一つだけの花」や「瞳をとじて」や「千の風になって」などの曲はサビのメロディやフレーズがリリースから数年経った後も広く記憶され、多くの人が口ずさむことができるが、それ以降の年間チャート１位の曲はそうであるとは言い切れない。

オリコン年間シングルランキング1位曲（1995 〜2015 年）

1995 年	LOVE LOVE LOVE ／嵐が来る	DREAMS COME TRUE
1996 年	名もなき詩	Mr.Children
1997 年	CAN YOU CELEBRATE?	安室奈美恵
1998 年	誘惑	GLAY
1999 年	だんご 3 兄弟	速水けんたろう、茂森あゆみ他
2000 年	TSUNAMI	サザンオールスターズ
2001 年	Can You Keep A Secret?	宇多田ヒカル
2002 年	H	浜崎あゆみ
2003 年	世界に一つだけの花	SMAP
2004 年	瞳をとじて	平井堅
2005 年	青春アミーゴ	修二と彰
2006 年	Real Face	KAT-TUN
2007 年	千の風になって	秋川雅史
2008 年	truth ／風の向こうへ	嵐
2009 年	Believe ／曇りのち、晴れ	嵐／矢野健太 starring Satoshi Ohno
2010 年	Beginner	AKB48
2011 年	フライングゲット	AKB48
2012 年	真夏の Sounds good!	AKB48
2013 年	さよならクロール	AKB48
2014 年	ラブラドール・レトリバー	AKB48
2015 年	僕たちは戦わない	AKB48

数年後から振り返ったときに、ランキング1位の曲をどれだけ多くの人が思い出せるか。それはヒットチャートの有効性を測るための一つの目安と言えるだろう。

懐メロの空白

ビルボードは「共感性の高いチャート」を作ることを目指している、と礒崎は語る。共感性が高いというのは、多くの人が上位の顔ぶれを見て「今話題になっている、流行っているのはこの曲なんだ」と納得できるようなチャートだ。

週間チャートを比べると、オリコン週間ランキングに比べてロングヒットの傾向が表れやすいのがジャパンＨｏｔ１００の特色だ。ラジオのオンエアやＹｏｕＴｕｂｅの再生回数、ツイッターの言及回数がカウントされるため、人気アーティストの楽曲は発売前からチャートに登場する。リリースされた後も、テレビの歌番組などで披露され話題が続けば、数ヵ月にわたってチャート上位に残り続ける。たとえば２０１４年に発売されたにもかかわらず、２０１５年の年間ランキング１位になった三代目J Soul Brothersの「R.Y.U.S.E.I.」は、そういったロングヒットの代表である。

そして、ヒットチャートは決してリアルタイムの人気や流行を示すためだけのものではない、と礒崎は言う。

「共感性の高いヒットチャートがあれば、たとえ何年経っても、それを見て『この曲、流行ってたよね』と思い出せる。共通項としてのヒット曲を懐かしむことができる。そこにヒットチャートの意義があると思います」

単に楽曲の売れ行きやアーティストの人気を示すだけでなく、後から振り返った時に、その時の時代性を示す一つの指標となる。未来から今を懐かしむための道標になる。それがヒットチャートの果たすもう一つの大きな役割と言えるだろう。

ただし、「懐メロの空白」が生まれる危惧はやはり残されている。00年代後半から10年代の前半にかけての期間は、ビルボードも日本での説得力あるヒットチャートを作るために模索を繰り返していた時期だ。

未来から振り返るならば、おそらく10年代前半は「ヒットチャートから流行歌が見えなくなった時代」と位置づけられるだろう。その理由の一端が、チャートの機能不全にあったことは明らかだ。

カラオケから見える10年代の流行歌

では、信頼できる指標はどこにあったのか。筆者はカラオケのランキングに一つのヒントがあると考えている。実際に人々がその曲を歌った回数を並べたチャートだ。

株式会社エクシングは、同社が運営するカラオケ「JOYSOUND」で歌唱された楽曲の回数に基づいて集計した年間ランキングを発表している。5年にわたってその総合ランキングTOP5を見ていくと、流行歌の真相が見えてくる（次ページ参照）。

1位となっているのは「ヘビーローテーション」「女々しくて」「Let It Go〜ありのままで〜」「ひまわりの約束」。オリコンともビルボードとも全く違う結果だ。

興味深いのは、AKB48の数々のヒット曲のうちでも「会いたかった」と「ヘビーローテーション」と「恋するフォーチュンクッキー」の3曲はカラオケでも上位にランクインしているということ。どれも年間シングルランキングでは1位となっていない曲だが、AKB48に関して言えば、幅広い層まで広がった「本当のヒット曲」はこの3曲だったと言って差し支えないのではないだろうか。

一方、嵐の名前が見当たらないというのも興味深い。詳細なデータを見ても、嵐の楽曲はどの年でもTOP20圏外となっている。国民的アイドルグループとして君臨する嵐だが、その人気に比べると彼らの楽曲自体がカラオケで歌われているわけではない、ということがわかる。

ランキング全体の推移を見ても、カラオケの年間ランキングにはその年の流行や世相が反映されていることがうかがえる。2011年には少女時代「Gee」とKARA「ミス

JOYSOUND カラオケ総合ランキング年間TOP5（2011 ～2015 年）

2011 年		
1 位	ヘビーローテーション	AKB48
2 位	Gee	少女時代
3 位	ミスター	KARA
4 位	会いたかった	AKB48
5 位	残酷な天使のテーゼ	高橋洋子

2012 年		
1 位	ヘビーローテーション	AKB48
2 位	女々しくて	ゴールデンボンバー
3 位	千本桜	WhiteFlame feat. 初音ミク
4 位	残酷な天使のテーゼ	高橋洋子
5 位	栄光の架橋	ゆず

2013 年		
1 位	女々しくて	ゴールデンボンバー
2 位	残酷な天使のテーゼ	高橋洋子
3 位	千本桜	WhiteFlame feat. 初音ミク
4 位	小さな恋のうた	MONGOL 800
5 位	ハナミズキ	一青窈

2014 年		
1 位	Let It Go ～ありのままで～	松たか子
2 位	恋するフォーチュンクッキー	AKB48
3 位	千本桜	WhiteFlame feat. 初音ミク
4 位	残酷な天使のテーゼ	高橋洋子
5 位	ハナミズキ	一青窈

2015 年		
1 位	ひまわりの約束	秦 基博
2 位	Dragon Night	SEKAI NO OWARI
3 位	糸	中島みゆき
4 位	R.Y.U.S.E.I.	三代目 J Soul Brothers from EXILE TRIBE
5 位	Let It Go ～ありのままで～	松たか子

ター」の2曲がＴＯＰ3にある。これはその時期に巻き起こっていたＫ－ＰＯＰガールズ・グループ旋風を象徴している結果と言えるだろう。そして２０１２年から２０１３年にかけては、ＣＭタイアップや紅白歌合戦出演でも大きな話題を呼んだゴールデンボンバー「女々しくて」が躍進。ニコニコ動画をきっかけに幅広い世代に広まったボーカロイド楽曲の「千本桜」も3位となっている。ゆずの「栄光の架橋」はロンドン・オリンピック関連の番組で数多く使われたことが人気につながったはずだ。そして、２０１４年には『アナ雪』ブームを象徴する「Ｌｅｔ Ｉｔ Ｇｏ～ありのままで～」が1位。２０１５年には映画『STAND BY ME ドラえもん』主題歌としてヒットした秦基博「ひまわりの約束」が1位となった。

流行歌の定義を「人口に膾炙した曲」とするならば、楽曲が多くの人に口ずさまれた回数のランキングというのは、ある意味、ＣＤの売り上げやＹｏｕＴｕｂｅの再生回数のランキングよりも、正確にその指標を示していると言える。

そういう意味で言えば、10年後、20年後から振り返った10年代前半の「懐メロ」は、「ヘビーローテーション」「恋するフォーチュンクッキー」「女々しくて」「千本桜」「Ｌｅｔ Ｉｔ Ｇｏ～ありのままで～」「ひまわりの約束」あたりということになりそうだ。

定番化するカラオケ人気曲

ただ、カラオケランキング上位の並びから見えてくるのは、流行やその年の世相ばかりではない。

むしろ、そこにあるのはJ－POP人気曲の「定番化」とも言える現象だ。10年以上前にリリースされた楽曲が繰り返し上位にランクインする傾向が見て取れる。代表的な曲が、1995年にリリースされた高橋洋子「残酷な天使のテーゼ」。2001年リリースのMONGOL800「小さな恋のうた」や、2004年リリースの一青窈「ハナミズキ」もそうだ。さらに2015年には、1992年にオリジナルリリースされた中島みゆき「糸」が、発売から20年以上たってTOP3入りすることになった。

これは一体どういうことなのか。カラオケの場は、そこで歌われる楽曲の傾向はどう変わってきたのだろうか。JOYSOUNDを運営する株式会社エクシングの編成グループグループ長・鈴木卓弥とコミュニケーション戦略グループグループ長・高木貴の2名に話を聞いた。

まず、カラオケ業界全体の推移については「ほぼ横ばい状態が続いています」（鈴木）と言う。これは全国カラオケ事業者協会のまとめでも示されている。

カラオケ人口は、一大ブームを巻き起こした1995年に5850万人というピークを

カラオケ市場規模の推移

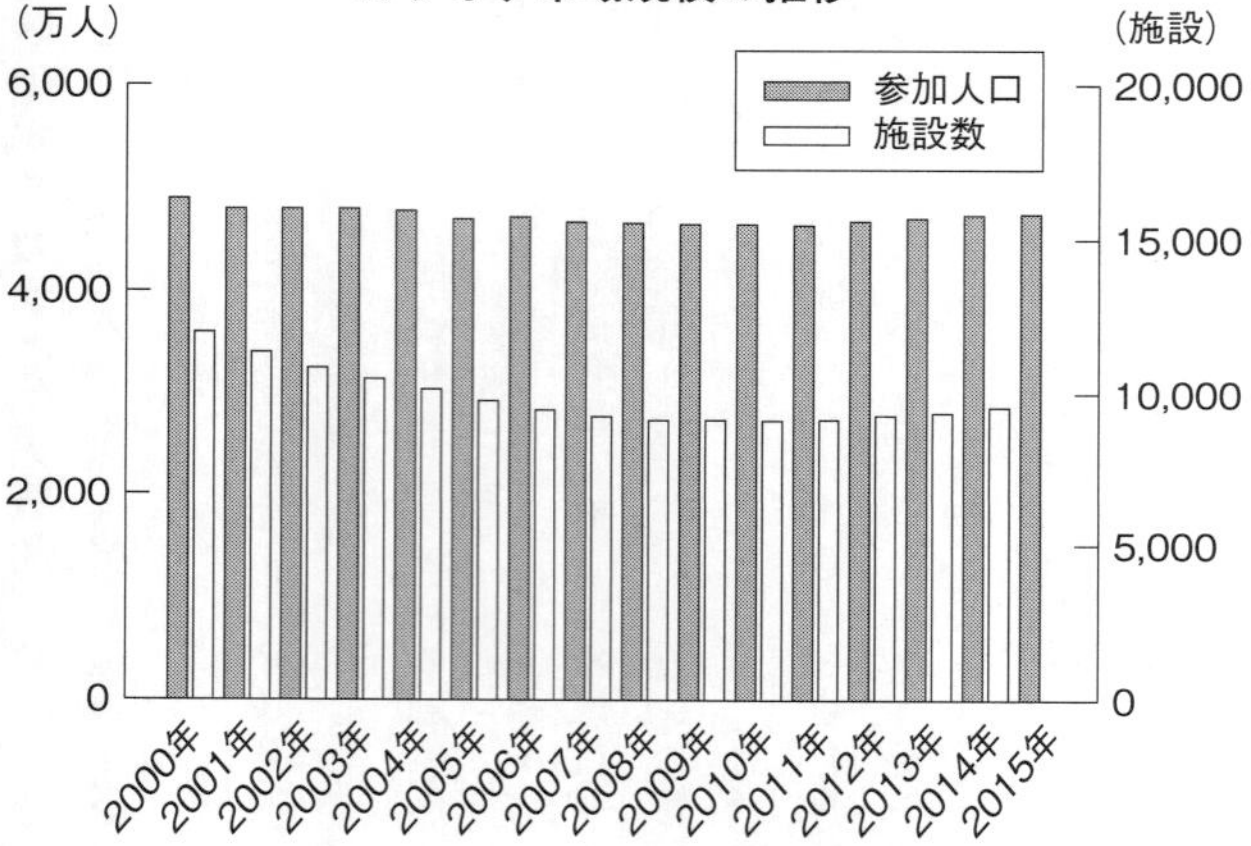

全国カラオケ事業者協会調べ

記録している。２００１年までの数年間でその数字は急落するが、その後10年以上にわたって４０００万人台後半で推移。10年代に入ってからは、参加人口も施設数も微増している。カラオケ市場の大きさ自体は変わっていない。

　では何が変わったのか。

　ＪＯＹＳＯＵＮＤが年間ランキングを発表するようになったのは２００９年以降のことだが、それ以前のランキングも全てデータとして残されている。そして、通信カラオケの仕組み上、曲が歌われた回数は全て正確な数字としてカウントすることができる。１９９２年の会社設立以降、その20年以上にわたる推移を見ていくと、90年代、00年代、そして10年代の流行歌の変化が浮かび上がってくる。

90年代のカラオケランキングは、その年のCDランキングとかなり一致している。少なくとも、その年、または前年にリリースされた楽曲が上位を占めている。その頃のカラオケは「最新のヒット曲を歌う場所」としてイメージされていた。

その傾向に変化が訪れるのが、00年代に入ってからだ。

「2003年の10位に入っている『涙そうそう』が、2004年、2005年と順位を上げています。こういう風に過去に発売された曲がランクを上げていく現象が起きること自体が、それまでと歌唱の傾向が変わってきたことの象徴だと思います」(鈴木)

同じような推移をたどっているのが「小さな恋のうた」と「ハナミズキ」だ。どちらもリリースされてからしばらく経って順位を上げている。

10年代に入ってからは、その年、もしくは前年にリリースされた新曲がTOP10圏内に占める割合は半数以下となっている。代わりに上位にランクインしているのが、前述の「ハナミズキ」、「小さな恋のうた」、「残酷な天使のテーゼ」といった楽曲だ。

カラオケの人気曲は、新曲中心から定番曲中心へと移り変わっていったのである。

「J－POPスタンダード」の登場

この状況を高木はこう分析する。

「90年代は、新曲をカラオケで歌うということが、ある種のステータスや格好よさとして見られていたと思うんです。僕自身もそうでした。新曲が出たら『ばっちり覚えなきゃ』と思って、誰よりも早く入れて歌おうと思ってました。そういうことが起こっていたのが90年代だったと思います。でも、今はそういう傾向はカラオケの場では起こっていない。その代わりに定番の曲が人気になっています」

一方、90年代のCDバブルの時代がむしろ異常だったと鈴木は指摘する。

「私の仮説では、もともと『ハナミズキ』のようなタイプの曲、つまり歌詞に共感できる曲、心に訴えかけるような曲の人気も根強くあったと思うんですね。ところが90年代というのがある種異様な時代だった。短期的にバカ売れするシングルヒットが量産されたので、そういう曲が目立たなくなってしまった。爆発的にヒットするけれど、半年後には歌われなくなってしまうような曲が続出していた。そういう状況が落ち着いたので、もともとあった定番曲がランキング上位になったように見えたのではないかと私は思います」

リリース時点では無名だった曲が新たな定番として注目され、ランキングを上がっていく例もある。2015年の年間3位となった中島みゆき「糸」がその代表だ。リリースされたのは1992年。アルバム『EAST ASIA』のラストトラックとして収録され、1998年にシングルカットされた。当時はドラマ『聖者の行進』の主題歌に起用されているが、この時点ではオリコン週間シングルランキングTOP10入りも逃し、そこまで大きな注目は集めていない。

ところが、2004年に、Mr.Childrenのフロントマン桜井和寿とプロデューサーの小林武史が中心となって結成したBank Bandのカバーアルバム『沿志奏逢《そうしそうあい》』で初めてこの曲が取り上げられると、その後、徐々にカバーされる対象として楽曲の人気が広がっていった。

第五章で後述するが、「糸」のような楽曲に注目が集まるようになった背景には、00年代以降長く続くカバーブームの影響もあるはずだ。様々な歌手が、日本の名曲を歌い継ぐようになった。その中には「上を向いて歩こう」など昭和の名曲だけでなく、90年代や00年代以降にリリースされた楽曲も含まれるようになった。

つまり、「ハナミズキ」や「小さな恋のうた」や「糸」などの曲は、いわば「J－POPスタンダード」として定番化し、人気が定着していったわけである。カラオケランキングからは、こうしたヒット曲のあり方の変化も窺える。

これらの傾向は、通信カラオケのシステムが進化し、早見本を見て番号を入力する形から、電子端末を用いた検索によってリクエストする形へと変わっていったことも背景にあるのではないかと鈴木は言う。

「『キョクナビ』という電子端末を使って曲を検索できるようになる前には、我々は各カラオケ店に早見本を配付していました。今でも発行はしていますが、新曲や追加曲の情報をまとめた冊子と、分厚いカタログ形式で過去の曲をまとめたものです。つまり、我々としても、この早見本を通じて、新曲を歌うということに誘導していたわけですね。しかし、選曲用の端末が定着したことで曲名・歌手名を思い浮かべないと検索ができなくなり、『今、何が歌いたいか？』ということを直感的に探ることになった。ただ、そこでみなさん、履歴を見るんです。前にどんな曲が歌われたかを確認して、そこから曲を選ぼうとする。それはパッと歌いたい曲が思い浮かばないからです。そういう変化もあって、カラオケが新曲をチェックする場から、みんなが知っている曲を歌う場に変化していった。そのことはランキングの傾向と無関係ではないと思います」

世代別ランキングから見えてくる別風景

そして、もう一つ興味深いデータがある。

ＪＯＹＳＯＵＮＤは総合ランキングとは別に、10代から60代までの世代別ランキングを発表している。1000万人以上の会員数を持つ「うたスキ」の会員が歌った回数に基づくランキングだ。
そこからは全く違う風景が見えてくる。若者世代、つまり10代と20代に対象を絞った2015年の年間ランキングTOP5は以下の通りだ。

10代

1位「千本桜」WhiteFlame feat. 初音ミク
2位「アイのシナリオ」CHiCO with HoneyWorks
3位「残酷な天使のテーゼ」高橋洋子
4位「Dragon Night」SEKAI NO OWARI
5位「君の知らない物語」supercell

20代

1位「千本桜」WhiteFlame feat. 初音ミク
2位「Dragon Night」SEKAI NO OWARI
3位「ライオン」May'n／中島愛
4位「God knows...」涼宮ハルヒ（C.V. 平野綾）
5位「シュガーソングとビターステップ」UNISON SQUARE GARDEN

ＴＯＰ５のほぼすべてをアニソンやボーカロイド楽曲が占めている。どちらの世代でもボーカロイド楽曲の「千本桜」が1位となり、HoneyWorksやsupercellなどボーカロイドシーン出身のクリエイターの楽曲が上位に複数ランクインする。30代以上の世代には耳馴染みのない曲名も多いだろう。鈴木はこう指摘する。

「ボーカロイドに興味を示している人たちの年齢層は本当に低いですね。ユーチューバーのムーブメントも含めて、インターネットというものに対して最も積極的なのは、実は小中学生なのではないかと思います。そういう傾向が如実に出てきていますね」

一方、30代より上の世代のランキングでは、前述した「Ｊ－ＰＯＰスタンダード」の定番曲が多くなる。同じく２０１５年のランキングでは、40代と50代の1位が中島みゆき「糸」だ。そして60代以上では、１位となった石川さゆり「津軽海峡・冬景色」を筆頭に、演歌が圧倒的な支持を獲得している。

そんな中、秦基博「ひまわりの約束」は、映画『STAND BY ME ドラえもん』の主題歌として若い世代にも知名度を広げ、30代以上でも人気となり、各世代で満遍なく上位を記録した結果として、２０１５年の総合ランキング1位となった。

若い世代と年配の世代で好まれる楽曲が異なるのは、いわば当たり前のことでもある。青春を過ごした時代も違うし、音楽に触れるメディアも異なる。これまでも、世代ごとに人気曲が異なるということはあっただろう。しかし10年代はそれがカラオケのランキングから明確に可視化される時代となっているのである。

ヒット曲が映し出す「分断」

こうして、オリコン、ビルボード、JOYSOUNDと各種ランキングを見ていくと、10年代のJ－POPに起こったことがハッキリする。

ヒットが見えにくい時代になった。

改めて、一言で言えば、そういう結論になるだろう。でも、その原因は単純なものではない。「AKB商法」だけにその責任を負わそうとするのは浅薄な考えだ。

背景には様々な要因がある。音楽に触れる環境が多様化しスマートフォンが大きな役割を果たすようになったのに、CDというものにいまだ固執を続けている音楽業界の体質もあるだろう。ソーシャルメディアが普及したことで流行の発信源がマスからパーソナルに移行したこともある。老若男女が一つの話題を共有する「お茶の間」的な情報環境が失われつつあることも大きい。

ヒットチャートから見えるのは「分断」だ。それぞれの世代、それぞれのジャンルのファンの間で、お気に入りの音楽が楽しまれるようになっている。アイドルファンはCDを買い支え、ライト層はＹｏｕＴｕｂｅでミュージックビデオを視聴したり、気に入ったらつまみ食い的にダウンロード配信を購入したりする。カラオケに行っても、10代は動画サイト経由で知ったボーカロイドの人気曲を歌い、40代以上は青春時代のＪ－ＰＯＰスタンダードを歌い続ける。

そのこと自体を否定的に言うつもりはない。繰り返し書いてきたように、みながこぞって新曲に夢中になった90年代のＣＤバブルの時代が、むしろ異常だった。それに比べればレコード会社や音楽業界の羽振りは悪くなったかもしれないが、その代わり、地に足の着いた活動を長く続けることのできるアーティストが増え、人々の心に深く残った楽曲は、そのぶん長く愛され続けるようになってきている。

ただその一方で、10年後、20年後から振り返った時に「10年代のヒット曲」を思い出すことは難しくなっている。少なくとも、どんな曲が流行っていたのか、みながどんな歌を口ずさんでいたのか、その記憶をヒットチャートから呼び覚ますことはできなくなってきている。

ポジティブな意味においても、ネガティブな意味においても、「ヒット」というもの自体が成立しなくなってきている。流行が記録に残らなくなってきている。

それが10年代のヒットチャートに起こったことなのである。

第三章　変わるテレビと音楽の関係

1　フェス化する音楽番組

テレビの役割はどう変わったか

前章では10年代のヒットチャートの変化について語ってきた。「CDがたくさん売れていること」と「その曲が流行っていること」がイコールではなくなり、結果として「ヒット曲が見えなくなった時代」が訪れたことを分析した。

では、ヒット曲を生み出す大きな役割を担っていた地上波テレビというメディアは、この数年、どう変わったのか？

かつて80年代は『ザ・ベストテン』や『トップテン』が歌謡曲の時代を支え、90年代は『HEY!HEY!HEY!』や『うたばん』などの音楽番組が高視聴率を記録した。しかし、それらの時代の「テレビと音楽の蜜月関係」はもはや成立していない。かつては無類の強さを誇った「月9」タイアップも効果は薄れてきている。

しかし、10年代に入って、テレビと音楽の間には新たな関係が生まれてきている。その背景には、スマホとSNSの普及によって、テレビというメディアが持つ役割が変わってきたことがある。この章では、そのことを解き明かしたい。

東日本大震災が変えたテレビと音楽の歴史

10年代の音楽番組のあり方は、それまでと大きく違う。

まず指摘したいのは、生放送の超大型音楽番組が増えた、ということだ。特に毎年夏には『THE MUSIC DAY』(日本テレビ系)、『音楽の日』(ＴＢＳ系)、『ＦＮＳうたの夏まつり』(フジテレビ系)など、数時間、時には10時間を超えるような特番が民放各局で放映されるようになった。

先駆けとなったのが、２０１１年7月16日にＴＢＳ系列で放映された『音楽の日』だ。放送前日の新聞広告には「テレビ史上初、7時間越えの音楽番組」「生放送で約50組のアーティストが集結!」と大きなキャッチコピーが掲げられた。安住紳一郎ＴＢＳアナウンサーと共に司会をつとめたＳＭＡＰの中居正広は、当時のプレスリリースに「7時間を超える大きな音楽番組ということで、ＴＢＳにとっても僕にとっても新たな歴史のはじまりになるのではないかと思います。今こういう時代なので、音楽の力で少しでも皆さんに楽しんで頂ける番組になればと思っています」とコメントを寄せている。

ここから読み取れることは二つある。一つは、その後数年であっという間に定番化する「7時間を超える音楽番組」が、当時のテレビにとっては史上初の挑戦であったということ。もちろん『ＮＨＫ紅白歌合戦』や『ＦＮＳ歌謡祭』など、年末に放送される長時間の音楽番組は昔からあった。ただし、それらの番組の放送時間はどれも5時間以内。それまでの歴代最長記録は2004年12月31日に放送された『CDTVスペシャル　年越しプレミアライブ2004〜2005!!』の5時間15分だった。7時間40分に約50組のアーティストが出演する生放送の音楽番組というのは、当時、前代未聞のものだった。

そしてもう一つは、中居正広が「こういう時代なので」とコメントしている、ということ。前述の新聞広告には「震災復興大型音楽番組」「今こそひとつに。」「ジャンル、国境を超えて歌で〝日本〟を〝東北〟を元気に。」ともある。

2011年は、東日本大震災によって大きく社会が揺れ動いた一年だった。原発事故も、それによる電力供給の低下と計画停電もあった。震災後にはテレビのバラエティ番組やエンタメ全般の自粛ムードもあった。

その一方で、震災後には多くのアーティストたちがいち早く復興支援の活動に乗り出していた。その中で大きな存在感を示したグループがSMAPだった。メンバー5人が揃う番組『SMAP×SMAP』で募金を呼びかけ、メンバー自身もいち早く寄付を行い、孫正義や王貞治と共に「東日本大震災復興支援財団」の発起人となり、中居正広も被災地をたびたびボランティアで訪れていた。

そういう時代背景の中で中居正広を司会に『音楽の日』がスタートしたことは大きな意

味があるだろう。当時のテレビからは繰り返し「ひとつになろう」「日本を元気に」というメッセージが伝えられていた。そういった文脈の中で「音楽の力」や「歌の力」という言葉も使われていた。そして大型音楽番組がスタートした。

いわば、東日本大震災がテレビと音楽の歴史を変えたのである。

各局で超大型音楽番組が拡大中

フジテレビも２０１１年の震災直後に音楽特別番組を放送している。そのアクションはとても早かった。３月11日から2週間後の３月27日には、チャリティ番組『ＦＮＳ音楽特別番組「上を向いて歩こう」―うたでひとつになろう日本―』がフジテレビ系列の全国各局とニッポン放送を介したＡＭラジオにて同時放送されている。３時間の生放送に計27組のアーティストが出演した番組について、プロデューサーのきくち伸は『ＴＶ ＬＩＦＥ』誌の連載「KIKCHY FACTORY」にこう記している。

アーティストがツイッターでつぶやいてるような言葉をもっと広くテレビで生で届けよう。今届けるべきうたを生で届けよう。これが岩手出身の私がテレビで音楽でできることと思い込んで。

（中略）

帰り際、エレベーターへ向かう廊下でのスガシカオさんの言葉

「うたうことよりも前に、先ずこの場に来る覚悟を問われた」

そう。音楽もテレビも、エンタテインメントは今、覚悟を問われてる。

（『ＴＶ ＬＩＦＥ』２０１１年４月29日号）

スガシカオが言うように、まだ被災地の傷跡も生々しかった当時、テレビで歌をうたうことにはある種の覚悟が必要だっただろう。番組制作者側にとっても生半可な気持ちでやれるようなものではなかったはずだ。が、振り返ると、やはり２０１１年はとても大きな一年となった。『音楽の日』も含め、震災後にどうアクションを起こしたかが、テレビと音楽の歴史における一つのターニングポイントになった。

そして同年８月６日、フジテレビは４時間強の特番『ＦＮＳ歌謡祭 うたの夏まつり２０１１』を放送している。この年は収録による番組制作だったが、翌２０１２年の『ＦＮＳうたの夏まつり』では、代々木第一体育館を舞台に４時間強にわたる生放送となり、２０１５年まで同様のライブ形式が続く。

２０１３年には、日本テレビが『THE MUSIC DAY　音楽のちから』という生放送の

大型音楽番組をスタートさせた。開局60年を記念した特別番組で、総合司会は嵐の櫻井翔。幕張メッセに巨大ステージを組んでのライブ中継で、放送時間はニュースなどの中断を挟みつつ合計12時間。２０１１年の『音楽の日』を大きく上回り、生放送の音楽番組の歴代最長記録を更新した。

さらに２０１４年６月には『テレ東音楽祭』（テレビ東京系）が、２０１５年９月には『ミュージックステーション ウルトラＦＥＳ』（テレビ朝日系）が放送された。

結果、２０１６年は各局で超大型音楽番組が乱立する状況となった。７月には『THE MUSIC DAY 夏のはじまり。』『音楽の日』『ＦＮＳうたの夏まつり』と、10時間を超える大型音楽番組が毎週のように放送され、９月にはやはり10時間を超える『ミュージックステーション ウルトラＦＥＳ』が放送された。

11月から年末にかけても大型音楽番組は目白押しだ。フジテレビ系列では『ＦＮＳ歌謡祭』が、日本テレビ系列では『ベストヒット歌謡祭』『ベストアーティスト』が、テレビ朝日系列では『ミュージックステーション　スーパーライブ』が昨年までの毎年の恒例となり、そして12月30日には『輝く！　日本レコード大賞』（ＴＢＳ系）が放送される。

そして大晦日の恒例は『ＮＨＫ紅白歌合戦』だ。かつての歌謡曲全盛期に比べて視聴率は落ちたとはいえ、それでも毎年40％前後の平均視聴率を叩き出し、ここ数年でもサッカーW杯中継以外では毎年の年間最高視聴率を記録する「国民的番組」となっている。

こうして見ると、夏、秋、そして年末と長時間の大型音楽番組が各局で放送されていることになる。プライムタイム（19〜23時）に放送されるレギュラーの音楽番組が減少する一方、10年代は各局で生放送の超大型音楽番組が拡大する時代となったのである。

フェス文化を取り入れて進化を遂げた

なぜ生放送の大型音楽番組が増えたのか？　東日本大震災だけがその理由ではない。もう一つのキーワードが「フェス」だ。

前述したように、00年代から10年代にかけては、ライブやコンサートの動員数が大きく伸びた時代だった。

中でも拡大したのが音楽フェスだ。90年代末以降、ＣＤの売り上げが落ち込むのと入れ替わるように、フェスが本格的に定着していった。第四章で詳述するが、当初は若いロックファンが中心だったフェスの客層も、徐々にバラエティに富むものになっていった。夏には全国各地で野外フェスが行われるようになり、フジロック、サマーソニック、ロック・イン・ジャパンなどの代表的なものだけでなく、２０１６年には年間を通して大小１００以上の音楽フェスが開催されるようになった。

こうしたフェスと、生放送の大型音楽番組には、共通するポイントが多くある。
もちろん出演陣は大きく異なる。嵐やSMAPなどジャニーズ事務所所属のグループ、AKB48や関連グループ、EXILEや三代目J Soul BrothersなどLDH所属のグループはテレビの音楽番組の常連だが、多くのフェスにはこれらの面々は登場しない。演出や構成も異なる。

ただ、共通するのは、どちらもオーディエンスの間に「生の体験の共有」を軸にした参加型の盛り上がりが生まれる、ということだ。夏の野外フェスは、たいていが午前や昼頃から始まり、夜遅くまで続く。大きなものでは1日に数十組のアーティストが出演する。そのあいだ、オーディエンスは自分が観たライブをSNSで発信し、同じ場にいる人と感想を共有する。

生放送の音楽番組にもそういう特徴がある。ただテレビを観ているだけの人も多いが、スマホを片手にテレビを観る習慣が根付いた人は、SNSを通じた参加型の視聴行動を行うことが多い。そういった人が、同じアーティストのファンをフォローし、互いにつながっていることも珍しくない。ツイッターのタイムラインには目当てのアーティストの出演時の感想が並び、家で一人テレビを観ながらにしてライブ感を疑似体験できる。そう考えると、生放送の音楽番組は、いわばテレビの中の音楽フェスになぞらえることができる。

何より番組側がフェスのムードをアピールしている。『ミュージックステーション』の10時間スペシャルが「ウルトラFES」というタイトルであるのが象徴的だ。たとえばこれらの番組が発表するプレスリリースを元にニュースサイトに掲載される「第一弾出演アーティスト発表」などの見出しも、フェスの告知の方法論を取り入れている。

つまり、音楽番組はフェス文化を取り入れることで進化したのである。

「入場規制」が人気のバロメーター

フェスを起点に人気を拡大し、テレビにも意欲的に出演するようなバンドが出てきたのも10年代に入ってからだ。サカナクション、ゲスの極み乙女。、KANA-BOON、[Alexandros]などがその代表だ。

印象的なのは、これらのバンドがテレビ番組で紹介される際、「フェスで入場規制」というフレーズが多用されること。たとえば『ミュージックステーション』（以下Mステ）に初出演する際の紹介VTRなどがそれにあたる。いまや「入場規制」がバンドの人気を示すキャッチフレーズになっているのだ。

なぜフェスでは入場規制が起こるのか？　なぜそれがキャッチコピーになり得るのか？

その理由は、ほとんどのフェスが複数ステージ構成をとっていることにある。しかも、メインステージとそれ以外に明確な序列の差が存在する。特にロック・イン・ジャパンのような邦楽アーティスト主体のフェスでは、毎年繰り返し同じ場所でフェスが行われるため、アーティストがそこを「勝ち上がっていく」構図が可視化される。

出演する側にとって、フェスはいわば戦いの場だ。デビューしたばかりの新人はまずキャパシティ（収容人数）の小さなステージに出演し、そこで喝采を浴びて観客を集めれば、次はより大きなステージにステップアップする。さらにその次はメインステージに立ち、ヘッドライナーを目指す。そうやって出演者がフェスの中で人気を獲得し、ブレイクしていく様子が可視化される。そして、その時に起きるのが「入場規制」という状況だ。

人気を急激に拡大させているアーティストのステージには、人が殺到し、そのエリアに客が入りきれないという現象が生じる。それは、フェスの来場者にとっては観たいライブを観られないネガティブな状況だが、バンドやそれを応援するファンにとってはポジティブな意味を持つ。なぜならそれは次回のステップアップを確約するものだからだ。

前章で記したように、CDシングルの売り上げは、いまや音楽の流行を示す指標としては機能しなくなってきている。特にライブを主戦場にする若手バンドの人気をそこから読み取ることは難しい。その代わり「入場規制」という言葉が、そのアーティストの人気上昇をわかりやすく示すバロメーターになっている。

こうして、00年代から10年代は、フェス文化そのものや、そこで人気を獲得する若手バンドたちが、音楽ファンだけでなく、一般層にまで知名度を広げていった時代と言える。

スマホとフェス中継は好相性

こうした中、音楽番組にフェスの潮流を取り入れることに最も意欲的な姿勢を見せるのがテレビ朝日だ。

前述したように、Mステにはフェスの現場で人気を拡大した若手ロックバンドたちが多く出演する。２０１５年には、ハイ・スタンダードのデビュー当時からテレビの地上波には出ないと公言していたKen Yokoyamaが「ロックバンドの格好よさを伝えたい」として出演。本人のブログやSNSでの発信と共に大きな話題を呼んだ。彼が運営するインディーレーベル「ピザオブデス」の若手ロックバンドWANIMAも、やはりライブの熱気が評判を呼んで人気を獲得し、２０１６年にインディーレーベル所属でありながらMステ出演を果たした。

また、テレビ朝日は、２０１３年から東京・新木場で開催されている（２０１６年からは東京・大阪の二会場に拡大）都市型フェスの「METROPOLITAN ROCK FESTIVAL」（通称メトロック）の主催者の一角にも入っている。

メトロックはフェスと音楽番組の連動を示す一つの好例だ。フェスの開会宣言はMステでタモリと共に司会をつとめる弘中綾香アナウンサーが行った。ラインナップも前述のバンドたちが中心だ。

２０１６年にはさらに興味深い動きもあった。テレビ朝日とサイバーエージェントの共同出資によりスタートした無料のインターネットテレビ局「ＡｂｅｍａＴＶ」が、この年のメトロックのステージの生中継を行ったのである。７月に行われたサイバーエージェントの決算発表によると、ＡｂｅｍａＴＶのスマホアプリは開局３ヵ月で５００万ダウンロードを超えた。その期間の番組視聴数ランキングでは、メトロック生中継の２日目が視聴数１５７万で１位、１日目が視聴数１０７万で４位となった。

つまり、２０１６年に始まったスマホ向けのインターネットテレビ局において、様々な番組を差し置いて最もキラーコンテンツになったのが「フェスの生中継」だったわけである。

音楽シーン全体におけるフェスの影響力が大きくなり、テレビの制作側にとってもそれを無視することができなくなった。そのことも、音楽番組とフェス文化の接近の背景にあると言えるだろう。

テレビ制作者の意識はどう変わったか

ここまで書いてきた「フェス化する音楽番組」という論は、あくまで筆者の見立てだ。では、実際のところ、音楽番組の制作者側はどのように考えているのだろうか。

それを探るべく、『FNS歌謡祭』『FNSうたの夏まつり』の総合演出を手掛けるフジテレビ制作局第二制作センター所属のディレクター、浜崎綾に話を聞いた。

「今考えると、00年代と10年代は、空気が大きく変わったと自分でも思うんです」

そう浜崎は言う。音楽番組の制作者側にとっても、生放送の大型番組が拡大の一途を辿った10年代はそれ以前と全く違う状況が訪れた時代と捉えているようだ。

浜崎は1981年生まれ。2004年にフジテレビに入社している。バンド活動に打ち込んだ学生時代を経て、入社以来、一貫して音楽番組の制作に携わってきた。

「フジテレビの音楽班、『音組』と呼ばれているメンバーは、本当に音楽を愛している人たちの集まりなんです。そこに入ってまず気付いたのは、テレビの人間が実際に音まで作っているということ。『ミュージックフェア』も『FNS歌謡祭』も、ただカラオケの音源を納品されて歌うだけじゃなく、実際にその曲のアレンジや構成をどうするかまで考える。CDとは違う、テレビでしかできないバージョンにチャレンジしようという気持ちが強いんです。たとえばアーティスト同士のコラボをするときにも、それぞれのキーを考えて『こう歌って、こうハモったらどうか』みたいな話までする。これはフジテレビならではだと思うんですけれど、私がADとして入った時には、すでにそういう上司がいて、それが当たり前の環境で育ってきました」

長年の歴史の中で、フジテレビの音楽番組は独自の文化を築き上げてきた。『ミュージックフェア』を開始当初から手掛けてきた石田弘、『僕らの音楽』や『新堂本兄弟』を担送し、生歌・生演奏にこだわる番組制作で知られるきくち伸など、「音組」には名物プロデューサーたちが名を連ねている。『FNS歌謡祭』や『FNSうたの夏まつり』でもアーティスト同士のコラボが目玉になっている。

芳村真理を司会に70年代から80年代の歌謡曲全盛期を作り上げた『夜のヒットスタジオ』(1968年～1990年)や、ダウンタウンを司会に90年代のメガヒットの象徴となった『HEY!HEY!HEY!』(1994年～2012年)など、高視聴率を連発し、時代を彩る数々の音楽番組を作り上げてきたのもフジテレビだった。

しかし00年代の後半、フジテレビの音楽番組には重苦しいムードが立ち込めていたという。当時、看板番組だった『HEY!HEY!HEY!』は徐々に勢いを失っていた。

「自分たちがイケると思っていた番組がパワーダウンして、気分がどんよりしていたのが00年代の後半という感じがします。なんとなく、ハネている、キているという感じがしないというか。全体的にそういう空気がありました」

「メディアの王様」ではなくなった

吉野嘉高《よしたか》『フジテレビはなぜ凋落したのか』（新潮社）には、00年代後半はフジテレビ全体に閉塞感があった時代だと指摘されている。

お祭りを盛り上げるような会社全体の一体感や、仲間内で互いに支え合う相互扶助の精神が少しずつ薄らいできたのだ。フジテレビは、みんなで盛り上がることを最も得意としていたテレビ局だったはずなのに……。

盛り上がる社員と盛り上がらない社員に分離されるようになったことを、お台場の社屋で仕事をしていた人は、社内の〝空気感〟で感知できたはずだ。

（吉野嘉高『フジテレビはなぜ凋落したのか』新潮社）

著者の吉野は1986年にフジテレビに入社し、情報番組のプロデューサーや社会部記者などを務め2009年に同社を退職したキャリアの持ち主だ。同書には、コンプライアンスを重視したこと、管理主義が強まって若手の権限が狭められたことで現場から勢いが失われていく様子が、内部にいた人間ならではの目線でありありと描かれている。

ただ、メディアの力学の変遷の歴史から振り返ると、これはフジテレビだけの問題ではなかったとも言える。00年代後半はテレビ全体が力を失っていく時代だった。背景にあるのはYouTube（2005年サービス開始）や、ニコニコ動画（2007年サービス開始）の普及だ。動画サイトの視聴時間が増し、相対的にテレビの影響力は小さくなっていった。

「でも、10年代になってテレビ局の人間の意識が変わったと思うんです」と浜崎は言う。

「昭和の時代から20世紀の終わりくらいまで、テレビはメディアの王様だったと思うんですね。作っている側にもそういう意識があった。でも、もはやそうじゃないことに若い世代が気付き始めている。動画を配信するプラットフォームの一つくらいに思わなきゃいけない、そう考えるようになったんです」

00年代以降、インターネットが情報流通のプラットフォームとして定着し、テレビは「メディアの王様」ではなくなった。そして、若い世代の作り手たちは、そのことを前提として番組を制作するようになっていった。スタンスが根本から変わったのである。

「しかも、そういう時代にテレビは不利なんです。ここ数年、ヒットするものはSNSで拡散されるもの、シェアされるものになってきてますよね。特に音楽のヒットはスマホから生まれるようになった。でも、テレビは著作権や肖像権の問題で、拡散やシェアをブロックせざるを得ないところがある。これからの時代は、自分たちが不利だと認識して番組を作らないと戦っていけないと強く思っています。今でも昭和の時代にブイブイ言わせていた人はそういうSNS以降の感覚をわかっていないと思うんですけど、今の30代の制作者はみんなそれに気付いている。そのことによってテレビを作る人間の意識が変わってきました」

『フジテレビはなぜ凋落したのか』で吉野は、フジテレビの凋落の要因は「社風の変化」にある、と語っている。復活のためには再び社風を一新すべきで、そのためには好調な視聴率を維持している日本テレビの強さを参考にすべきだと書いている。

かつてフジの全盛期に、日テレが〝フジテレビ徹底研究〟を実施し、良い点を取り入れたように、今度はフジが日テレから学ぶべき時なのかもしれない。（前掲書）

しかし、SNSやスマホが前提になった今のメディアの構造と力学を考えると、もはやテレビ局の間で視聴率を競い合うような考え方、そこに戦いを見出す価値観自体が一時代前のものだと感じざるを得ない。

さらに言えば、テレビとネットが対立しあうような考え方も00年代的なものだ。前述したように、10年代には、たくさんの人がスマホを観ながらテレビ番組を視聴するようになった。番組が公式ハッシュタグを用意して参加型の仕組みを作ったり、テレビ画面にツイートを反映させたりもしている。オンデマンドの見逃し配信も普及しつつあるし、前述したAbema TVも好調だ。

フジテレビが他局に学ぶ、というよりも、今はテレビの作り手全体がネットメディアと共闘し、新しい時代に対応したあり方を模索する時代に突入している。少なくとも若い世代の作り手たちはそのことに気付いているようだ。

「音楽のお祭り」を作る

では、音楽番組の制作者側はフェスをどれだけ意識したのか。なぜ『FNSうたの夏まつり』などの番組はフェスのムードを打ち出すようになったのか。

「狙ったのが半分、結果的にそうなったのが半分かもしれないですね」

浜崎は率直にそう語る。

「私たちも、音楽番組の視聴率がなかなかとれなくなった00年代に、フェスの現場に人が集まっているのを感じていました。音楽の現場に足を運ぶエネルギーをたくさんの人が持っている。音楽への興味が失われているわけではない。なのにどうしてテレビの音楽番組の視聴率につながらないのだろうかと考えた。それはテレビがフェスにある高揚感やハプニング性を出せていないからじゃないかと思ったんですね。そこから、番組をフェスっぽくすればいいんじゃないかという戦略的な気付きがあった。そして、数字としての結果から実際にそういうものが求められていたんだということが検証された感じがあります」

『FNSうたの夏まつり』と『FNS歌謡祭』が夏と冬の大型音楽番組として定番化し、2015年からは放送時間も拡大した。『FNS歌謡祭』は2週にわたる放送となり、『FNSうたの夏まつり』は、「海の日スペシャル」と題して7月18日の11時間の生放送となった。

「単純に時間が足りなくなったんです。ゴールデン帯の19時から23時の間ではやりたいことが収まらなくなってきた。その4時間だけでは、お祭りというところまで持っていけないという感じがありました」

テレビが「音楽のお祭り」を作る。それが明確な意図としてあった。

「お祭りを作ろうということは意識しています。イベントと言っていいのかわからないですけれど、カレンダーに大きな目印を立てるような感覚ですね。テレビ局側がこれは一年の中で大事なイベントなんだということを打ち出して、テレビを観る人もそれを一つのルーティーンとして認識するようにしていく。そこはまさにフェスと一緒ですね。夏と冬に大きな特番があるということを当たり前にしていきたいと思っています。だから、11時間に放送時間を拡大したのは大きなチャレンジですね。今後も海の日には『ＦＮＳうたの夏まつり』をお昼からずっと観てください、この日は音楽のお祭りです、ということを定番化していきたいと思っています」

こうして２０１６年には、３月末に『ＦＮＳうたの春まつり』、７月18日の海の日に『ＦＮＳうたの夏まつり』、12月に『ＦＮＳ歌謡祭』『ＦＮＳ歌謡祭　ＴＨＥ　ＬＩＶＥ』と、フジテレビにおいては各季節に特番が放映されるようになった。レギュラー番組もそれを軸に作られるようになったという。

「年間計画として、今はこれらの大型特番が音楽番組の軸になっています。レギュラー番組を特番からの逆算で作るようになった。たとえば冬の『ＦＮＳ歌謡祭』でやろうと思っている企画が上手くいくかどうかをまずはレギュラー番組で試してみようとか、大型特番でこの人のスーパーヒットメドレーをやりたいから、その人の新曲はレギュラー番組でもプロモーションしていこう、とか。年間のプランニングを考えて計画的に進めているところはありますね」

こうしてフェスと音楽番組は結びついていった。夏や冬の特番の１回限りでなく、それが一年を通したテレビと音楽の関係の軸になっていったのである。

2 テレビは新たなスターを生み出せるか

狙いは「バズる」こと

これまで繰り返し書いてきたように、テレビとネットと音楽を巡る状況の中で、00年代と10年代の大きな違いはスマホが普及したことだ。

それ以前に一般的だったPCベースのインターネットは、いわばユーザーのテレビ離れを加速させるアーキテクチャだった。一方、スマホはテレビと併用することが可能だ。「スマホを片手にSNSをチェックしながらテレビを観る」という視聴スタイルが広まったことで、テレビとネットの関係は変わってきた。競合する敵同士ではなく、補完しあうものと捉えることができるようになってきた。番組の作り手もそれを意識するようになった。浜崎はこう語る。

「ネットの普及にテレビがどう対抗するかという枠組みで物事を考えること自体が間違っていたと思うんです。テレビとスマホは並列だし、それぞれ違ったメディアの特性を持っている。スマホは持ち歩いて常時見ることができる。でも、テレビは時間と場所を拘束する。そういうテレビの特性を捉えて、それを活かした番組を作るべきだと考えるようになりました」

生放送であること、リアルタイムであることは、テレビのメディアとしての特性を活かすために大事なポイントであると浜崎は言う。実際、音楽番組だけでなく、テレビ全体において生放送の占める割合は大きくなっている。フジテレビは２０１６年4月の番組改編で、午前4時から午後7時まで15時間連続で生放送を実施することを発表した。

「事前に収録したものをただ流すだけでは、観る時間と場所を縛る特徴を持ったテレビというメディアの特性を活かしきれていないと考えるようになったんですね。テレビの前にいないと観られない、でも、だからこそ観たいと思うものが生放送だと思います。昼間帯の生放送が増えているのは、そういう流れだと思いますね」

そういった流れの中で、SNSなど口コミで急速に情報が拡散し、トレンドの話題になる、つまり「バズる」ということがヒットと同義になっていった。

「番組を作る時に、たとえば『この人とこの人がこの曲を歌ったら、きっとツイッターのトレンドワードに載るはずだ』とか、そういうようなことはかなり意識しています。バズるもの、SNSを使っている人たちが面白がりそうなものを点在させようとする意識は、強く持って作っていますね」

SNS、特にツイッターは「今、何をしているか」をユーザーに発信することを強くうながすメディアだ。一つのイベントや番組に参加している人たちの話題はハッシュタグで共有され、短期間にたくさんの人がツイートした言葉は「トレンドワード」としてランキング化される。過去の発言はタイムラインの下のほうに隠れて見えなくなる。常にリアルタイムな情報がやり取りされ、時間が経ったものは目に見えない場所に追いやられる。

そういったメディア環境に相性のいいコンテンツは、やはりライブ感を持ったものだ。起承転結を作り込んだものよりも、何が起こるかわからない、体験を共有するようなタイプのコンテンツ。音楽業界においてはそれがライブであり、テレビにおいてはそれが生放送だった。実際、ツイッターのトレンドワードには、その時に放映されているテレビ番組関連の言葉が並ぶことも多い。ドラマのような作り込まれたコンテンツであっても、公式のハッシュタグを用意してSNSと連動することで、あたかもみんなで一緒に観ているような感覚をもたらす試みが始まっている。

このことは、メディア環境が変化し、コンテンツそのものよりもそれを介したリアルタイムのコミュニケーションに興味を持つ人が増えたことを示している。つまりは、スマホとSNSが普及したことで、音楽もテレビも「生」に回帰したというわけなのである。

人気を測る尺度が複数になった

こうして大型音楽特番の放送時間は拡大し、出演する歌手やアーティストも増えるようになった。2016年の『FNSうたの夏まつり』は全107組が出演、171曲を披露するという、かなり大掛かりな構成となった。

出演陣の世代やジャンルも幅広い。AKB48やモーニング娘。、ももいろクローバーZなどの女性アイドルグループ、嵐やNEWS、Kis-my-Ft2などのジャニーズ勢、EXILEや三代目J Soul BrothersやE-girlsなどのLDH勢が出演し、一方で谷村新司や和田アキ子や夏木マリなどのベテラン勢も登場した。小室哲哉はTRFや華原朋美などかつてのファミリーと共に90年代のヒット曲を「TKメドレー」として披露した。水樹奈々のように数々のアニメ作品で声優として活躍するシンガーも出演し、いきものがかり、秦基博、スキマスイッチなど00年代以降のJ-POPを支えてきたアーティストも揃い、トリは桑田佳祐がつとめた。このラインナップは番組の総合演出をつとめる浜崎がいろんな尺度で決めているという。

ただし、その尺度を持つのが難しくなっているのが、10年代のJ-POPの特徴だ。前章で書いたように、もはやオリコンチャートはかつてのような指標としては機能しなくなっている。ヒット曲が見えづらい時代に、どのようにしたらアイドルやアーティストの人気を測ることができるのか。浜崎は「定規」という言葉でそれを説明する。

「自分がいろんな定規を持っていないと、たくさんのジャンルを網羅することができなくなっていると思います。まず一つ目はCDが売れているという、オリコンのランキングでわかりやすく示される定規ですね。今でもそれは大きな意味合いを持っています。AKBやジャニーズの人気はそれで測ることができる。二つ目の定規はライブの動員です。たとえば、水樹奈々さんはソロのアーティストでありながら東京ドームを埋めることができる。それはとてもすごいことなんですけれど、そのすごさは50代や60代にはピンとこない。なので、5万人が集まっているという数字でその人気を示すことができる。若いバンドもそうですよね。[Alexandros]のように、フェスで10代や20代が何万人も集まるようなバンドは、動員という数字を定規にすることができる。また、SNSでジャストなタイミングで話題になっている人は、たとえばツイートの数でそれを示すことができる。そういう風に、A、B、C、Dと何種類もの定規を自分の中に揃える。そしてEやFの定規がなかったかを常に検証する。その繰り返しで番組を作っています」

高齢化が進んだ今の時代は、若い世代だけでなく、中高年の興味をどう惹きつけるかも番組制作においては重要なポイントとなるという。

「50代、60代以上の中高年の方が見たいものを示す定規もあると思うんです。今の時代、そこは音楽業界は絶対に捨てちゃいけないところだと思います。なので、自分自身が思春期には通ってこなかったアーティストのことも勉強するべきだと思っています」

こうして、番組には様々な世代のアーティストがラインナップされるようになった。たとえば、70年代、80年代、90年代と、それぞれの時代のヒット曲をランキング形式で振り返ったり、出演陣がそれをカバーしたりするようなコーナーも設けられるようになった。出演者のジャンルも広がった。『FNSうたの夏まつり』だけでなく、各局の特番に、アイドル、ダンス&ボーカルグループ、シンガーソングライター、バンド、声優など、様々なフィールドで活躍する面々が登場するようになっている。

大型音楽番組が長時間化している背景にはこのことも大きいだろう。人気を測る「定規」が複数になった。一つの尺度でヒットを決められる時代ではなくなり、音楽シーンが多様化した。その結果、ラインナップの幅が大きく広がってきたわけである。

テレビの役割は「紹介」になった

ここまで、10年代に定着した大型音楽番組の成り立ちと、それがどのような考え方をもとに作られているかを論じてきた。ただ、これは一つのテレビ番組だけの話ではない。本書全体のテーマである、音楽シーンのあり方がどう変わってきたか、そして音楽だけでなく日本のカルチャーやエンタテインメント市場全体の変化を象徴する話でもある。

「昔のようにお父さんもおじいちゃんも小学生も一つのヒット曲に夢中になっていた時代にはもう戻らないと思っています」

浜崎はこう指摘する。かつてあった「お茶の間」というイメージは解体された。音楽だけでなく、カルチャー全般に対する興味が細分化した。そして、それに対応するべく、それぞれの需要を満たすようなコンテンツが作られるようになった。インターネットというアーキテクチャが一般化したことで、一人ひとりが、それぞれに興味を持ったものについての知識をどんどん深めていくことが可能になった。しかしその代わり、隣のフィールドにあるものが見えづらくなった。

そのこと自体は、決して新しい観点ではない。

社会学者の宮台真司は、著書『制服少女たちの選択』（講談社、1994年）のなかで、「社会の島宇宙化」という言葉を用いていち早くそのことを指摘してきた。それぞれの人が所属する小さな共同体の中だけで通用する狭い価値観に基づいて人々が行動し、それらの価値観同士の交流がなくなってしまう未来を予見していた。

急成長を果たしたアメリカのネットメディア「アップワーシー」のCEOを務めるイーライ・パリサーは、『閉じこもるインターネット』（早川書房、2012年）で、インターネットのアーキテクチャがその「島宇宙化」を加速させていることを論じた。世の中を行き交う情報の総量は指数関数的に増え、その一方で、検索結果やウェブ広告などは、それぞれの行動履歴に基づいてパーソナライズされて表示されるようになった。また、ソーシャルメディアが普及し、自分の親しい友人や知人の発信や、興味を持ってフォローした人の発信する情報を選択して目にすることができるようになった。結果、それぞれのユーザーは、自分の関心のある情報、見たい情報だけを、なかばフィルタリングされていると気付かずに受け取るようになった。

そういう時代に、かつての「ヒットの方程式」はなかなか機能しない。

第一章で小室哲哉が語ったように、90年代の巨大なＣＤセールスを支えたのはテレビによる「刷り込み」だった。ドラマやＣＭとのタイアップで大量にメディア露出し、とにかく人の目に触れさせることで話題を巻き起こし、ヒット曲を作る。もちろん今の時代もその手法が完全に無効になったわけではない。が、その効果は限定的なものになった。

その代わり、テレビの役割は「紹介」になった。アイドルグループにしても、ロックバンドにしても、音楽番組に登場するのは、すでにライブの現場で確固たるファンベースを築いている人たちだ。もしくは動画サイトやＳＮＳで「バズる」ネタを作ったアーティストが取り上げられることも多い。どちらにしろ、局所的な熱狂が起こっているものを一つの現象としてその外側に伝えることが、テレビの果たす役割の一つになっている。

「テレビというメディアは、見る人が自ら興味を持ってアクセスしないものも目に入るという特性を持っています。今の時代は一人ひとりが持っている知識や興味がどんどん深くなっていて、日本人が全員オタク化しているようなところがある。でもそのぶん隣にあるものが見えづらくなっている。だからこそ、そこに気付かせてあげるというのが、テレビというメディアの役割かもしれませんね」

浜崎はこう語る。こうして、90年代と10年代で、テレビと音楽との関係は正反対になった。集中投下的なメディア露出は「ゴリ押し」として逆にユーザーの反感を集めるようになった。自らヒットの発信源となるのではなく、様々なフィールドに点在する熱量を拾い上げるようになった。テレビは「島宇宙化」の時代に適応した新たなメディアとして変化しつつあるのだ。

『ASAYAN』以降の空白

では、今の時代に、テレビは次世代のアーティストを世に送り出すことはできているのだろうか？

正直、現段階では、上手くいっているとは言い難い。少なくとも日本においては、かつての歌謡曲の時代、90年代のメガヒットの時代に比べると、苦戦している。

かつて70年代から80年代にかけてはオーディション番組『スター誕生!』(日本テレビ系)が、文字通り新たなスターを生み出す役割を担ってきた。番組からのデビュー第一弾は「せんせい」でデビューした森昌子。その後も、山口百恵、ピンク・レディー、小泉今日子、中森明菜など、歌謡曲の時代を支える錚々たる歌手を輩出してきた。

90年代から00年代初頭にかけては『ASAYAN』(テレビ東京系)が一時代を築き上げた。「夢のオーディションバラエティー」として、小室哲哉やつんく♂などのプロデュースによってデビューできる権利を争う番組だ。

中でも大きな成果を残したのが1998年にデビューしたモーニング娘。だった。同番組の「シャ乱Q女性ロックヴォーカリストオーディション」の最終選考で落選した5人から結成されたモーニング娘。は、そこからの復活やデビューまでの過程を番組が追うことでブレイクを果たし、国民的なアイドルグループとしての地位を獲得していく。

2002年の番組終了後もグループは続いた。さらにはBerryz工房や℃-uteなど多数の女性アイドルグループを抱える「ハロー!プロジェクト」へと発展し、AKB48や関連グループと共に10年代の女性アイドルシーンの核の一つとなっている。

また、EXILEのボーカリストとして活躍するATSUSHIが見出されたのも、この番組で行われた松尾潔プロデュースの「男性ヴォーカリストオーディション」がきっかけだ。つまり、『ASAYAN』という番組は、ただ単に歌手やグループを輩出しただけでなく、ハロー！プロジェクトやEXILE TRIBEのように「卒業や加入で代替わりする多人数グループを中核に複数のグループが集いファミリーを形成する」というフォーマットを生み出す一つの契機を作り上げたと言える。

これほどの影響力を持ったオーディション番組は、2002年の『ASAYAN』終了後は、日本では生まれていない。

もちろん、今の時代も様々な形でスターを生み出す試みは続けられている。その成功例の一つが、2015年にスタートした『フリースタイルダンジョン』（テレビ朝日系）だろう。ラッパー同士のMCバトルにRPGゲームのテイストを加えてエンタテインメント化したこの番組。深夜の放送ながら、チャレンジャーが〝モンスター〟と呼ばれる実力者ラッパーに挑み、勝ち抜きを目指すドキュメント性が注目を集めた。中でも〝ラスボス〟と称されるラッパー「般若」とチャレンジャーの熱いバトルが繰り広げられた放送回が話題を呼んだことを契機に、長らくアンダーグラウンドなイメージが強かった日本のヒップホップシーンに再び注目が集まっている。

テレビと音楽の関係は、今なお更新され続けていると言えるだろう。

世界的スターは今もテレビから誕生している

一方、海外では、今もなおテレビ番組からスターが生まれている。その立役者となったのが、やはり数々の公開オーディション番組だ。

その先駆けとなったのが、2001年にイギリスでスタートした『ポップアイドル』、そしてそのフォーマットを転用し2002年にアメリカでスタートした『アメリカン・アイドル』だった。1年を1シーズンとして一人ずつ候補が脱落していく勝ち抜き形式のオーディションは、リアリティ番組の人気もあいまって、世界的なブームを巻き起こす。

同番組の辛口審査員として名を上げた音楽プロデューサーのサイモン・コーウェルは、2004年にイギリスで『Xファクター』という同様のオーディション番組を立ち上げている。ケリー・クラークソンを生み出した『アメリカン・アイドル』同様、『Xファクター』もレオナ・ルイスやワン・ダイレクションを送り出した。スーザン・ボイルを一躍世界的なスターにした『ブリテンズ・ゴット・タレント』や、そのアメリカ版『アメリカズ・ゴット・タレント』も大きな注目を集めた。

中でも興味深いのは、2011年のデビューから瞬く間に世界的なブレイクを果たしたワン・ダイレクションの成功だろう。

彼らは2010年に放送された『Xファクター』の第7シーズンのオーディションの最

終選考に残った面々から結成されたボーイズ・グループだ。番組は社会現象的な人気となり、一時は視聴率60%を超えた。

注目すべきは、彼らが登場したのが、前述した「島宇宙化」の時代以降であったこと。デビューは2011年。メンバー全員がデジタルネイティブ世代で、SNSで自ら写真や日常を積極的に発信し、そのこともあって、ソーシャルメディアを介して人気が一気に広まった。アルバム『テイク・ミー・ホーム』が全米、全英チャート共に1位を獲得するなど2016年に活動休止するまで数々の記録を打ちたて、トップグループとして君臨した。

つまり、人々の興味が細分化し、それぞれの価値観が「島宇宙化」した10年代の情報環境においても、海外においてはグローバルなレベルで人口に膾炙するモンスターヒット、世界的な大スターが生まれているわけである。

このことが何を意味するのかは第六章で後述するが、ネットが人々の生活に行き渡った今もなおこのようなスターが生まれている事象は、この時代のもう一つの側面を象徴していると言えるだろう。

第四章　ライブ市場は拡大を続ける

ライブビジネスが音楽産業の中心になった

前章ではテレビの音楽番組がいかにフェスの潮流を取り入れ進化したかについて書いた。

その背景にあったのは「現場」というキーワードだ。

第一章で記したように、音楽業界の構造が変わり、「CDよりもライブで稼ぐ時代」というのは今や前提条件となっている。

音楽ソフトの売り上げは低下する一方で、フェスやライブやコンサートの動員数は右肩上がりで増え続けている。音楽に対する興味は決して失われてはいない。人々は熱心にライブの現場に足を運ぶようになっている。実際、音楽ソフト市場の縮小とライブエンタテインメント市場の拡大は対照的な推移を辿っている。

2000年から調査を行ってきたぴあ総研『2016ライブ・エンタテインメント白書』によると、2015年の音楽コンサートの市場は3405億円となり、4年連続で過去最高記録を更新し続けている。音楽フェスの市場規模は222億円、動員数は234万人と、こちらも拡大を続けている。

一方、同じ2000年の音楽ソフトの生産金額は約5398億円だ。それが、15年後の2015年時点では半分以下の約2544億円となっている。

パッケージ売り上げに代わって、ライブが今の音楽産業の中心的な収益へと移行しつつあるのは間違いないだろう。

では、その変化はどのようにして生まれ、ポピュラー音楽のあり方に何をもたらしているのだろうか？　この章ではそのことについて掘り下げていきたい。

「聴く」から「参加する」へ

ライブ市場の拡大について語る時に、まず前提となるのは「体験はコピーできない」ということだ。

CDもデジタル配信も、楽曲の音源データ自体は容易にデジタルコピーすることが可能だ。というより、ストリーミング配信が普及しつつある今はもはやコピーの必要すらない。YouTubeにはミュージシャンやレーベル公式のミュージックビデオが大量にアップロードされている。リスナーは無料でそれを聴くことができる。スポティファイやアップル・ミュージックなど聴き放題のサブスクリプション型ストリーミング配信サービスに加入すれば、無数のアーカイブから好きな時に好きなだけ音楽を聴くことができる。しかし、一方で、ライブの体験はコピーできない。現場で生で味わう迫力や臨場感は複製できない。つまり、一回性によってその魅力が保たれている。

これは音楽だけに限った話ではなく、コンテンツやエンタテインメントの分野すべてに訪れている変化である。情報技術が進展した結果、複製できるもの、大量生産できるものの価値は小さくなった。求められるのは「パッケージ」の消費から「体験」の消費に変わっていった——そういうことを言う人は多い。

もちろん、そのこと自体は間違ってはいない。が、もう少し深く踏みこんで考えてみる必要がある。果たして人々はどんな類の音楽の体験に惹かれているのか？　なぜそのことがライブやコンサートの動員増に結びついているのか？

まず一つ目の重要なポイントは、ライブの現場においては音楽に「参加する」ことができる、ということだ。特にアイドルやロックバンドのライブにおいては、その感覚を肌身で体感することができる。オーディエンスは拳を振り上げたり、手拍子を打ったり、掛け声を上げたり、サイリウムやペンライトを振ったり、一緒に歌ったり、鳴らされている音楽に対して様々な形でアクションを示す。それが場の盛り上がりを作る。

たとえば「ULTRA JAPAN」などのＥＤＭ（エレクトロニック・ダンス・ミュージック）系のフェスやイベントにしてもそうだ。ＤＪが鳴らしている音を微動だにせず黙って聴いているような観客は——その人があまりに退屈で帰りたがっているような場合を除けば——ほとんどいない。歓声を上げ、踊り、飛び跳ね、大音量で鳴らされる音に身体を委ねる。そうしてもたらされる一体感が、熱狂や興奮に結びつく。

こうしたライブの場においては、たとえ同じ曲目、同じ演出であったとしても、オーディエンスの反応によって、体験の価値が大きく変わる。ライブの現場は、単に生の迫力や臨場感を味わうだけでなく、それをオーディエンスが主体的に作り出す場所である。音楽はただ「聴く」だけのものではなく、そこに「参加する」ものになっているのだ。

「みんなで踊る」がブームになった時代

音楽に「参加する」というのは、何もライブの現場だけで行われていることではない。曲に合わせて「みんなで踊る」ことがムーブメントを巻き起こし、そのダンス動画がYouTubeに投稿されることで長く愛されるヒット曲が生まれたというのも、10年代の音楽シーンの大きな特徴の一つである。

その代表例はAKB48「恋するフォーチュンクッキー」だろう。2013年の選抜総選挙で初めて1位になった指原莉乃がセンターをつとめたこの曲は、第二章で書いた通り、CDの売り上げ枚数では上回る他の数々の楽曲を差し置いてカラオケ年間チャートで上位に入るなど、グループ屈指の人気曲となっている。その原動力になったのがダンス動画だった。きっかけは、通常のミュージックビデオに加えて、裏方のスタッフが様々な場所でダンスを踊る「STAFF Ver.」の動画がＹｏｕＴｕｂｅの公式チャンネルに投稿されたこと。パパイヤ鈴木の手によるキュートでわかりやすい振り付けが受け、ファンがそれを真似した動画を次々と投稿した。企業や自治体の職員がそれぞれの持ち場で踊るオリジナルバージョンも制作され、それがＡＫＢ48の公式チャンネルで配信されたことで、ブームはさらに拡大した。

同じく２０１３年には、やはりダンス動画をきっかけにした世界規模のヒット曲が生まれている。それがファレル・ウィリアムスの「ハッピー」だ。映画『怪盗グルーのミニオン危機一発』のサウンドトラックのために作られたこの曲は、ミュージックビデオの公開直後から、本人の予想すら大きく上回る社会現象を巻き起こした。世界中の様々な場所の人々がこの曲に合わせて思い思いにダンスを踊る動画が大量にＹｏｕＴｕｂｅに投稿され、それが日本にも伝播した。２０１４年に入ってもブームは続き、彼のソロアルバム『ガール』のヒットに結びついている。

２０１４年から２０１５年にかけて大きく広まった三代目J Soul Brothersの代表曲「R.Y.U.S.E.I.」も、やはり火がついたきっかけはダンスだった。メンバーたちが曲中で披露している「ランニングマン」というステップが話題になり、これを真似する動画が各地で投稿された。

ヒット曲が「みんなで踊る」現象から生まれていることも、音楽が参加型のエンタテインメントになっていることの一つの証左と言える。

時間と空間を共有する

音楽に「参加する」というのは、曲に合わせて一緒に歌ったり踊ったりするようなことだけを指すわけではない。

ライブやコンサートの動員が拡大した背景にあるもう一つの重要なポイントは、それが「時間と空間を共有する」体験である、ということだ。

ミュージックビデオがＹｏｕＴｕｂｅに公開されていれば、好きなときに好きな場所でそれを観ることができる。いつでも、どこでも、無料でそれを楽しむことができる。そういうタイプの「コンテンツ」の供給が爆発的に増えたことで、逆に、その時間、その場所でしか体験できない「コミュニケーション」の価値が上がった。それが10年代の趨勢だ。

そして、音楽は本来「コンテンツ」ではなく「コミュニケーション」だ。ライブやコンサートの現場に訪れると、そのことを強く実感する。デジタルメディアを媒介して届けられる情報ではなく、目の前の空気を震わせて伝わる音に、その本質がある。

ツアーであれば公演自体は各地で開催されるが、それぞれの場所で行われるのは、アーティストとオーディエンスとの、1回限りのコミュニケーションだ。だからこそ、生身の人間が目の前に立っていること自体に大きな意味がある。ライブやコンサートが映像パッケージになれば、ステージ上で繰り広げられた歌や演奏自体は後から追体験できる。しかし、リアルタイムでその熱気を共有することは「その時間、その場所」でなければ行えない。そういう体験の価値が高まっている。

SNSの普及もその趨勢を後押ししている。たとえばライブやコンサートの終演後には、看板や入り口の前で記念撮影をしているグループをよく見かける。フェスでも、会場の様々な場所にモニュメントが設置され、一緒に訪れた友達同士がその前で写真を撮るのが当たり前の光景になっている。そしてその写真は、ツイッターやフェイスブック、インスタグラムなどのSNSを通じて、その場に行かなかった人にも伝わる。

歌や演奏、楽曲そのものだけでなく、そこに付随する様々な要素が、ライブという現場の魅力となっているわけだ。

前代未聞の「事件」がもたらしたもの

では、今に至る「ライブの時代」「フェスの時代」の端緒になったのは、いつ頃のことだったのか。地殻変動はいつ頃にあったのか。

それは皮肉にも「CDが最も売れていた時代」が終わりを告げる1997年から2000年頃にかけてのことだった。

日本のフェス文化の端緒になったのが、1997年のフジロック・フェスティバルの初開催だ。それ以前も大規模な野外イベントはあったが、それらの多くは、野外にずらりとパイプ椅子が並べてあったり、ブロック分けが徹底されていたりするなど、実質的にはあくまで管理された空間で行われる「野外コンサート」だった。数万人がだだっ広い野原にオールスタンディング形式で集まるというのは、当時の常識の範囲外だった。フジロックはこうした前提を全部ひっくり返し、結果的に台風に見舞われて中止を余儀なくされたという、一つの「事件」としてスタートしたフェスだった。

同じ1997年には、当時まだインディーズ・バンドだったハイ・スタンダードが主催する「AIR JAM」が初開催されている。これもオールスタンディング形式だ。バンドがDIYで企画した野外フェスという意味でも、パンクやメロコアのカルチャーを体現したフェスという意味でも、明らかにそれ以前の常識を覆すものだった。

1998年には、初年度から開催地を変更したフジロックと、2ステージ制に規模を拡大したAIR JAMが、共に東京・豊洲に会場を移して2年目のフェスを開催した。フジロックは2日で7万人、ＡＩＲ ＪＡＭは1日で3万人を動員。新聞、テレビや週刊誌などのメディアもこの盛況を取り上げた。

その１９９８年のフジロックに出演し、野外フェスに慣れていなかったオーディエンスが激しいモッシュに巻き込まれて演奏の中断を余儀なくされるなど大きな反響を巻き起こしたロックバンドがミッシェル・ガン・エレファントだ。彼らが翌１９９９年1月に行った横浜アリーナ公演も一つのターニングポイントになった。チケットは1万５０００枚が即日完売。このライブもオールスタンディング形式で行われた。

今となってはこの感覚は伝わらないかもしれないが、当時、アリーナ規模でオールスタンディング形式の公演が行われるのは前代未聞のことだった。数百人規模の小さなライブハウスで行われる「ライブ」と、全席指定のホールやアリーナで行われる「コンサート」は、まったくの別物の公演として扱われていた。その壁を破ったのがミッシェル・ガン・エレファントだった。アリーナ中で汗だくのファンがもみくちゃになる光景は、当時としては非常に画期的な「事件」だった。

また、１９９９年夏には幕張メッセの特設会場にて「GLAY EXPO '99 SURVIVAL」が開催されている。数々の記録的なＣＤセールスを打ちたてトップバンドとして君臨していたＧＬＡＹが、バンドの10周年を記念して行った野外ライブだ。20万人を動員したこのライブは、2016年現在でも日本の音楽史における最高動員記録となっている。規格外のスケールとなった会場やステージの規模も含め、やはりこれも前代未聞の「事件」として報じられた。

この時期に開催されたフェスやライブは、音楽を生で体験することに関しての鮮やかな価値観の転換を人々にもたらした。数万人のエネルギーが渦巻くような「場」が生まれたことで、観客にとっても、主催者側にとっても、音楽イベントのそれまでのフォーマットと常識が塗り替わった。

CDセールスの凋落が始まった1998年前後は、ライブにまつわる今では当たり前になった数々の新しい価値観が生まれた期間でもあったのである。

フェスは夏のレジャーの鉄板になった

日本のフェス文化はその後も拡大を続けた。

2000年には東京・大阪で開催される都市型フェスのサマーソニック、邦楽主体のロック・イン・ジャパン・フェスティバルがスタートし、前述のフジロック、1999年にスタートした北海道のライジング・サン・ロック・フェスティバルと共に「四大フェス」として定着。音楽ファンの年中行事となっていく。

中でも拡大路線を進んだのがロック・イン・ジャパン・フェスだ。00年代中盤には、Mr.Childrenやサザンオールスターズや矢沢永吉など、それまでフェスに出演しなかった大物アーティストをヘッドライナーに招聘し、一般層にフェスの認知を広げる大きなきっかけを作った。洋楽主体のサマーソニックも00年代後半からはロックバンドだけでなくビヨンセなど海外のメインストリーム級のアーティストをヘッドライナーに据えるようになる。それ以前は「ロックフェス」と称されていたこれらの野外フェスは、出演陣の幅の広がりもあって、シンプルに「夏フェス」と称されるようになった。

そして10年代に入ると、音楽シーン全体に対するフェスの影響力がさらに増す。

それまでフェスには無縁だった多数の女性アイドルグループが出演するようになったのも大きな変化だった。２０１２年にはももいろクローバーＺがサマーソニックに出演して大きな話題を巻き起こし、２０１３年には２００８年の初出場から徐々にステップアップしていったＰｅｒｆｕｍｅがロック・イン・ジャパン・フェスのヘッドライナーをつとめた。２０１４年のＴＯＫＩＯ、２０１６年の和田アキ子など、サマーソニックにはいわゆる芸能界を主戦場に活躍してきたアイドルグループや大物歌手も出演するようになった。

こうして00年代後半から10年代にかけて、フェスはコアな音楽ファン以外にも知られるようになり、花火大会や海水浴に並ぶ夏のレジャーとして広がっていった。

アミューズメント・パーク化したフェス

10年代に入ってからは、野外フェスの光景も変わってきている。

特に「四大フェス」は、すでにロックだけではないバラエティ豊かな音楽が繰り広げられる空間となっている。どのフェスも初開催から十数年の間に少しずつエリアを拡大し、ステージ数を増やしている。フジロックは2016年時点で初年度の2ステージから13ステージまで拡大した。同じく2016年時点で、サマーソニックは8つのステージ、ロック・イン・ジャパン・フェスは7つのステージが設けられている。ライブの長さは、たいてい1アーティストにつき数十分から1時間ほど。それが複数ステージで繰り広げられ、一日中どこかで音楽が鳴っている。

ステージ数が増えたことで、出演者の数も増え、前述したようにラインナップも多岐にわたるようになった。

これらのフェスのラインナップは音楽以外のカルチャーにも広がっている。フジロックでは政治や社会的な問題を扱うトークショー、サーカスや映画上映なども催される。サマーソニックには、お笑い芸人、怪談、大道芸などのパフォーマンスが繰り広げられるステージもある。

フェスに訪れる参加者の目当ては、もちろん音楽だ。しかし、午前中から夜遅くまでの長丁場のイベントでは、ライブを観るだけでなく、屋台のご飯を食べたり、テントやレジャーシートでくつろいだり、それぞれが自由に時間を過ごすことが当たり前になる。野外フェスは音楽を主軸にした「祭り」という本質を持ったまま、新しいタイプの「アウトドア型レジャー」として楽しまれている側面がある。

こうしてバラエティ豊かな空間へと拡大してきたフェス空間は、いわば「音楽のアミューズメント・パーク」として進化してきたと言える。

スペクタクル化する大規模ワンマンライブ

一方で、10年代には、大規模ワンマンライブやコンサートの光景も変わっている。

こちらが見せているのは、いわば「非日常空間」としての進化だ。もちろんアーティストによって演出の方法や世界観は様々なので一概に括ることはできないが、特にアリーナやスタジアムクラスの公演では、大掛かりな演出を用いたスペクタクルなステージを見せる例が増えてきている。

その一例が、SEKAI NO OWARIがここ数年に展開しているワンマンライブの数々だ。

２０１１年のメジャーデビューから一躍ブレイクを果たした彼らは、２０１３年に野外ワンマンライブ「炎と森のカーニバル」を開催し、3日間で6万人を動員した。そこで大きな話題を呼んだのは、約30mの高さの巨大樹をステージ中央に設置するなど、総製作費5億円をかけた大掛かりなセットだった。バンドはその後も2014年、2015年と続けて野外ライブを開催している。特に2015年、日産スタジアムに2日間で14万人を集めた「Twilight City」は、巨大な電車型のバルーンを会場上空に飛ばすなど大スケールのファンタジー的な世界観を展開していた。

「非日常空間」としてのワンマンライブを行う先駆者としては、ドリームズ・カム・トゥルー（以下ドリカム）の存在も大きい。ドリカムは1991年から「4年に一度のベストヒットライブ」として「史上最強の移動遊園地 DREAMS COME TRUE WONDERLAND」を開催している。全国5大ドームに40万人を動員した2015年のツアーでは、吉田美和が地上20mを縦横無尽に舞うフライングや巨大なバルーンスクリーンなど大掛かりな演出を見せ、「ワンダーランド王国」を舞台にしたオリジナルストーリーを描いた。

Perfumeのライブも画期的だ。2010年に開催された東京ドーム公演で振り付けや舞台演出を手掛けてきたMIKIKOとメディアアーティストの真鍋大度《だいと》（ライゾマティクス）がタッグを組んだことをきっかけに、演出表現が大きく進化。以来、プロジェクションマッピングや3DCG、AR（拡張現実）などをいち早く取り入れ、歌とダンスに最新テクノロジーを融合させた先鋭的なステージを繰り広げている。

サカナクションも最先端の領域に挑んでいる。レーザー光線やオイルアートなどを用いた空間演出にもこだわりを見せるバンドだが、彼らが取り組んだのはライブ音響の革新だった。2013年に行われた幕張メッセ公演および大阪城ホール公演では、ドルビーラボラトリーズの協力のもと6・1chのサラウンドシステムを導入。幕張メッセでは計228本のスピーカーを使用し、大規模会場でありながら音に包まれるような臨場感あるサウンド演出を実現した。

BUMP OF CHICKENやａｉｋｏ、ももいろクローバーZなどが導入した「無線型ペンライト」や「ＬＥＤリストバンド」も、10年代のライブ空間を変えた画期的なテクノロジーと言っていいだろう。リストバンド型やペンライト型など様々なタイプの製品があるが、どれも主催者側が無線通信を用いて光の点灯や点滅、色の変化を制御できることが大きな特徴だ。観客の一人ひとりに配られたＬＥＤが一斉に光を放ち、曲や照明や映像と連動させることで、会場全体を使った光の演出が可能になり、強い一体感が生まれる。

テクノロジーの発達を後押しに「スペクタクル空間」として進化しているのが、10年代のアリーナやスタジアム規模のワンマンライブなのである。

ピンク・フロイドとユーミンがライブを「総合芸術」に変えた

かくして、ライブ・エンタテインメントを巡る状況は大きく変わってきている。では、その実情はどうなっているのだろうか？　BUMP OF CHICKENやサカナクションなど多くのロックバンドを手掛け、日本音楽制作者連盟の理事もつとめるヒップランドミュージックコーポレーションの野村達矢に、その背景を聞くことができた。

まず、ライブ市場の拡大という同じ話題の中で括られることの多い「フェス」と「ワンマンライブ」だが、アーティスト側にとっては出演する際の意識は全く違うという。

「たとえるなら、フェスはシングル盤、ワンマンライブはアルバムのようなものですね。映画で言えば予告編のトレイラーと本編くらいの違いがある。アーティストの意志や主張をひっくるめて作品として構築した表現を見せることは、ワンマンライブでしか成し得ない。フェスは、あくまでステージも、照明やPA（音響）も、主催者側が用意したもので、与えられた時間の中で表現しているという感覚でしかない。もちろん、その中でいかに最大限のものを見せるかという意味においてアーティストは戦っています。しかし、あくまでアーティストの表現の100％を見せる場所はワンマンライブである。お客さんにそう認識してもらうことは大事だし、それはどのバンドも一緒だと思います」

では、テクノロジーを駆使した大規模なワンマンライブが増えた背景には、どんなものがあるのだろうか。実はアーティストが作品性の高いライブ表現を行うようになったのは最近のことではなく、そのルーツは70年代のピンク・フロイドにある、と野村は言う。

「日本のコンサート業界に大きな影響を与えたのはピンク・フロイドだと思います。彼らが、音だけじゃなくセットや照明にもこだわって視覚的な演出を行う、ある種の総合芸術としてのコンサートのお手本になった。特に70年代や80年代は、音楽業界全体で今以上に海外の影響が大きかった。ローリング・ストーンズやU2のスタジアムライブもよく話に上がっていました。そこからコンサート業界の意識が変わって、単純にヒット曲を歌えばいいということではなく、照明や演出をリンクさせた舞台表現を作っていこうということになった。日本でいち早くそれに取り組んだのがユーミンですね」

70年代のプログレッシヴ・ロックの代表的なバンドであったピンク・フロイドは、ライブ演出においても革新的な試みの数々を繰り広げていた。アルバム『アニマルズ』（1977年）のツアーではジャケット写真に使われた豚のバルーンを飛ばしたこともあった。80年代には同じくプログレッシヴ・ロックの代表的なバンドであるジェネシスと共にいち早くムービングライトを導入し、照明演出における光の表現を大きく革新した。

そして、日本において誰よりも先に豪華な演出を取り入れたコンサートを行うようになったのが松任谷由実だった。アルバム『ＯＬＩＶＥ』（1979年）のツアーではステージの上に本物の象を出現させ、その後もステージ上に噴水を設けたり、全長15ｍの電気仕掛けの竜を登場させたり、ステージセットにエスカレーターを設置したりと、奇抜なアイデアをもとにした数々の演出を実現させてきた。

１９９９年に松任谷由実は「シャングリラ」と題した公演を行う。サーカス、シンクロナイズドスイミング、フィギュアスケートと音楽コンサートを融合させた大規模なショーだ。その後２００３年、２００７年にも同様の公演が行われ、数十億円を超える総製作費とオリジナルのストーリー性を持ったスペクタクルなショーを実現してきた。

音楽コンサートが「総合芸術」として進化してきた背景には、これらのアーティストによって70年代や80年代から繰り広げられてきた様々な試みがあった。

ライブの魅力は「五感すべて」の体験

10年代に入ってからも舞台照明のテクノロジーは大きく進化している。東日本大震災が、その一つの転換点だった。

「東日本大震災をきっかけに、コンサート業界においても無駄に電力を使うのを止めようという風潮が生まれました。それを機に照明機材が白熱電球から消費電力の小さいＬＥＤに代わっていったんです。そのことによって表現の方法も変わりました」

ＬＥＤによる照明は、省エネルギーであるだけでなく、操作に対して即応性が高い光の点灯や点滅が可能になるという特徴を持つ。そのことがライブの演出を変えた。瞬間的に光の色が変わるようになり、それまで以上にリズムに同期した表現が可能になった。

「テクノロジーの進化によって多様な視覚表現ができるようになったのは間違いないですね。映像についても、単に事前に撮影されたビデオを流すだけでなく、コンピュータ上でプログラミングされたものが、ある種のアルゴリズムによって表現されるようになった。ただ照明をあてるだけでなく、音と照明や映像がリンクしていたり、お客さんのアクションや何らかのコマンドが入ることによってそれが変わったり、新しいタイプの演出が可能になりました」

BUMP OF CHICKENは２０１４年に行われたツアー「WILLPOLIS」から、チームラボが開発した「チームラボボール」を演出に用いている。照明が内部に仕込まれたバルーン型の巨大な球体だ。ライブのハイライトでたくさんの「チームラボボール」が客席の上を跳ね、カラフルな光を放つ。それぞれの球体の光は無線で制御され、遠隔操作で一斉にその色が変わる。別の設定では、観客が頭上に浮遊する球体をトスすることで球体の光の色が変わる。この「チームラボボール」によって、それまでにないインタラクティブ性を持った空間演出が可能になった。前述したＬＥＤリストバンドとあわせて、オーディエンス自身が光の演出に参加している体感が得られる。

ライブ・エンタテインメントの魅力は五感すべてを刺激することにあると野村は言う。

「やっぱり、五感をフルに刺激した体験は、家でＹｏｕＴｕｂｅを観たり、ヘッドホンで音楽を聴いたりするだけでは得られないものなんですね。もちろん音楽なので聴覚が主ですが、音楽とリンクした照明や演出が舞台上で繰り広げられる視覚的な要素も大きい。それに、ライブでは耳だけじゃなく身体全体で音を感じることができる。たとえば大きな低音が鳴ったら着ている服が震えたりもする。温度もあります。実は優秀なスタッフは空調を操作して会場の設定温度や風の流れを変えたりしている。たとえば最初は涼しくても、後半の盛り上がるパートではあえて冷房をオフにして温度を上げたり、風の流れをコントロールしてステージにスモークの煙を溜めたりもしている。制作側はそこまで考えてライブを作っているんです」

立ち込める熱気や汗の匂いも含めて、その場でオーディエンスが体感するものすべてが一体感や没入感をもたらし、それがライブの魅力になる。やはり「音楽に参加する」ことによる興奮がライブの価値をもたらしているのだ。

メディアアーティストがライブの未来を作る

ヒップランドミュージックコーポレーションは2015年、クリエイターをプロデュースする新しい部門として「INT（イント）」を設立した。テクノロジーの進化がステージ演出の新たな可能性を開拓していく中で、それを担うことになるクリエイターを「メディアアーティスト」としてマネジメントするのが目的だ。

「単なる映像表現でもグラフィックでもなく、プログラミングによって新たな表現を作る人たちが増えてきました。そういったメディアアーティストが音楽とのマッチングの中で面白いライブを作るようになってきています」

同部門では「VRDG＋H」というイベントを定期的に開催している。2015年にオープンした3DCGライブホログラフィック専用劇場「DMM VR THEATER」を舞台にした企画だ。あたかも映像が本当にステージの上にあるかのような演出を行うことのできる施設で、奥行きのあるビジュアルと音楽が融合した形のライブが繰り広げられる。

「将来的には、ライブやコンサートに付随する演出としてではなく、メディアアーティストの表現そのものが主役になるようなことを目指しています。彼らをスターにしたいというのが一つの狙いなんです」

こうしたメディアアーティストの第一人者として名を知られるのが、先にも紹介したライゾマティクスの真鍋大度だ。彼はPerfumeやサカナクションともコラボレートし、最先端の技術を駆使した先鋭的な表現を繰り広げてきた。Perfumeの舞台演出を手掛ける演出振付家MIKIKO率いるダンスカンパニー「ELEVENPLAY」ともコラボし、ドローンを使ったパフォーマンスなど意欲的に表現を開拓している。ミュージシャンやパフォーマーとのコラボレーションが多い理由を、真鍋はこう語っている。

音楽や映像って、フォーマットが決まっていますよね。でも、それを超えて最先端の表現をやろうとしたり、新しいジャンルのパフォーマンスを作ろうと思うと、テクノロジーの力を借りるのが近道だったりすることも多いと思うんですよね。僕はそういうテクノロジーの面に関しては知っていることが多いので、相談を受けることがありますね。

（『コンフィデンス』2016年1月11日号、取材は筆者）

また、単に先鋭的なテクノロジーを用いるのではなく、それをアートやエンタテインメントとして昇華させることが重要なポイントだと真鍋は指摘する。

作品としてどう新しく表現できるかというところが重要です。そういうコンセプトがないままやっていたら、ただの技術デモになってしまいます。テクノロジーは必要であれば使いますが、基本的にはあってもなくてもいいんです。（前掲誌）

２０１６年のリオ五輪の閉会式では、椎名林檎がプロデュースと音楽監督をつとめた「トーキョーショー」が披露された。その中盤ではＡＲ技術や光るワイヤーフレームを用いたダンスパフォーマンスが披露され、世界中で大きな話題を呼んだ。このパフォーマンスの総合演出と演舞振り付けを手掛けたのがＭＩＫＩＫＯ、そしてチーフテクニカルディレクターをつとめたのが真鍋大度だった。

おそらく、２０２０年に向けて、音楽とメディアアートの融合によって新たなパフォーマンスの表現領域を開拓する試みがさらに繰り広げられるのは間違いないだろう。ライブ・エンタテインメントの可能性は大きく広がっている。

第五章　J－POPの可能性——輸入から輸出へ

1　純国産ポップスの誕生

洋楽コンプレックスがなくなった

ここまでは、CD、ヒットチャート、テレビ、ライブという切り口から、10年代の日本のポピュラー音楽のあり方を探ってきた。ヒット曲はどのように生まれ、消費されるようになっていったのか。そういう「枠組み」の話を進めてきた。

では、肝心の音楽の「中身」はどう変わってきたのだろうか？　この章ではヒット曲の音楽性についての話を進めたい。「J－POP」という言葉が示す、現在の日本のポピュラー音楽の内実の変化について語っていきたい。

大きなポイントとなるのは海外との関係性だ。つまり洋楽との距離感である。音楽の作り手や聴き手が、海外のポップ・ミュージックとの関係性をどのようにイメージしてきたか。00年代以降のJ－POPの潮流の変化は、そこから読み解くことができる。

まず最初に言えるのは、「純国産」のロックやポップスが増えたということ。海外の音楽シーンに憧れ、その流行を日本に翻案するようなタイプではなく、自らが聴いて育った日本のロックやポップスをルーツに、それを発展させてオリジナリティを発揮するタイプのミュージシャンが登場するようになった。若い世代の音楽の作り手や聴き手の中には、洋楽に対するコンプレックスを持たない人たちが明らかに増えている。

ヘヴィメタル・バンド「メガデス」の元ギタリストで、現在は東京に拠点を置いて活動するマーティ・フリードマンも、その変化を指摘する一人だ。

全然洋楽の影響を受けてないアーティスト、ユニットが多いんです。たとえば、いきものがかりは、メロディのセンスとかが、どこからみても日本の味ですね。アメリカの音楽に影響されずに、作っている人の両親が聴いた歌謡曲が遺伝し、消化されて日本的な現代なものを作っていると思いますね。昔、日本の音楽業界がもっていた洋楽コンプレックスが、いまはまったくなく、作り手も誇りを持って曲作りをしています。それは生み出された音楽のなかに入っていると思うんです。誇るべきですよ！こんなすばらしい音楽業界はないですよ！　あえて、ハッピーで。あえて、派手で。あえて、カラフルで。日本の音楽って輝いているんですよ！

（ＧＱ　ＪＡＰＡＮ「マーティ・フリードマンが語るＪ－ＰＯＰの魅力」２０１２年４月３日更新）

彼は10年代のＪ－ＰＯＰを「技術的にも、センス的にもすごく高いレベルにある」と言う。日本的な曲、日本でしか出せない音が生まれ、その音楽性が発展したと分析する。

音楽プロデューサーの亀田誠治も「J－POP」という言葉を肯定的な意味合いで語る一人だ。2013年にスタートした番組「亀田音楽専門学校」（NHK Eテレ）は、亀田誠治が校長役をつとめ、ゲスト講師として招かれたミュージシャンと共にヒット曲に込められた技法の秘密を解き明かす番組だ。番組内で亀田誠治は「J－POPは音楽のあらゆる魅力が詰め込まれた、世界に発信できる素晴らしい総合芸術だと思います」と繰り返し語る。

J－POPの起源にあった「敗北の意識」

かつての「J－POP」はそうではなかった。

単に音楽のクオリティが高くなったとか、センスがよくなったとか、そういうことを言いたいわけではない。もともと「J－POP」という言葉は「日本的な曲、日本でしか出せない音」を意味する言葉ではなかった。「世界に発信できる音楽」をイメージさせる言葉ではなかった。むしろその逆で、洋楽、つまりアメリカとイギリスを中心にした西洋のロックやポップスを強く意識した言葉だった。

「J－POP」という言葉の発祥については、第一章で触れたように、FMラジオ局「J

－WAVE」が最初に使い始めたという説が有力だ。

烏賀陽弘道『Jポップとは何か』には当時の関係者たちの証言が記されている。

「『それまでの日本とはちがう日本』『世界に対峙しうる日本』の時代がやって来た。『ジャパン・アズ・ナンバーワン』。そんな雰囲気があふれていました。音楽も、それまで邦楽は西洋のポップスに負けていたけれど、これからは追いつかなくちゃいけない。そんな意味があったと思います」

当時ビクターミュージックエンタテインメントの宣伝課長として「Jポップ」という言葉の誕生に立ち会った斎藤英介はそう振り返る。J－WAVEの斎藤日出夫も、次のように言う。

「和製エルビスとか和製ポップスでは、いつまでたってもオリジン（本家、元祖）に勝てないですよね。『Jポップ』には『オリジンになりうる音楽』という願いが込められている」

（烏賀陽弘道『Jポップとは何か』岩波書店）

ここで「負けていた」「追いつかなくちゃいけない」「いつまでたっても勝てない」という言い方が頻出するのが象徴的だ。今の時代感覚を持ったリスナーの中には「音楽は勝ち負けなの？」と素朴な疑問が浮かぶ人もいるかもしれない。が、当時の音楽業界のキーマンたちにとって洋楽はキャッチアップする対象だった。「これからは追いつかなくちゃいけない」と言いつつ、そこでディレクターたちが「センスのいい邦楽」として選んだ大瀧詠一、松任谷由実、山下達郎、サザンオールスターズなどは、すべてアメリカやイギリスのポップ・ミュージックに強く憧れ、影響を受けたミュージシャンたちだった。そこには明らかにコンプレックスが内在していた。

それが80年代末から90年代初頭にかけての「J－POP」を巡る状況だった。

ニッポンの音楽の「内」と「外」

批評家の佐々木敦は著書『ニッポンの音楽』（講談社）の中で、そこに倒錯した関係性を見出している。

J－WAVEが作った「Jポップ」という言葉は、『Jポップとは何か』を読む限り、単に「ジャパニーズ（もしくはジャパン）・ポップス」の略称にすぎません。もう一度日本語に戻せば「日本の大衆音楽」ということになります。J－WAVEは、れっきとした日本の放送局でありながら、基本的に洋楽しか流さず、DJは英語を喋っているという特殊なラジオ局です。そこから聞こえてくる日本の音楽は「邦楽」や「歌謡曲」であってはならなかった。そこでこしらえられたのが「Jポップ」です。この命名、言い換えは、それ自体、極めて「日本」的なものだと筆者には思えます。
(佐々木敦『ニッポンの音楽』講談社)

なぜ佐々木はこの言い換えを「極めて『日本』的」と捉えたのか。それは、日本の大衆音楽そのものが海外からの影響や洋楽への憧れをもとに発展してきた、すなわち「内」と「外」との関係性の構図の中で生まれてきたというのが同書の主題だからだ。

その源流は、「J－POP」という言葉が生まれるはるか前、終戦時にまで遡ることができる。

田家秀樹『読むJ－POP――1945－2004』(朝日新聞社)や、マイケル・ボーダッシュ『さよならアメリカ、さよならニッポン――戦後、日本人はどのようにして独自のポピュラー音楽を成立させたか』(白夜書房)では、日本のヒット曲の原点を、1947年、戦後まもない頃に生まれた笠置シヅ子「東京ブギウギ」に位置づけている。

この曲の作曲は服部良一。「日本のポップスの父」とも言われる人物だ。当時モダンな音楽スタイルだったジャズを意欲的に歌謡曲の世界に取り入れた服部について、田家はこのように評する。

服部良一が〝ポップスの父〟と呼ばれる理由はいくつかある。その第一が「東京ブギウギ」に始まる、8ビートのヒット曲の生みの親だったということ。そして、第二は、彼が戦時中でもジャズやブギウギという〝洋楽〟を書き続けていたことだ。彼は一曲も〝軍歌〟を書かなかったのである。

（田家秀樹『読むJ－POP――1945－2004』朝日新聞社）

演歌も「舶来文化」から生まれた

「演歌は日本の心」という常套句があるように、一般的には「和」の印象が強い演歌というジャンルも、やはり洋楽の影響下で発展してきた成り立ちを持っている。「演歌の女王」とされる美空ひばりも、ジャズ、マンボ、ロカビリーなどその当時海外で流行していた音楽ジャンルを巧みに歌いこなしてきたシンガーだ。その美空ひばりに「柔」や「悲しい酒」を提供し、哀愁あふれる「古賀メロディ」で演歌の代名詞とされた作曲家の古賀政男も、大学時代にはマンドリン・オーケストラに所属し、昭和初期に来日した「現代クラシック・ギター奏法の父」と呼ばれるスペイン人ギタリスト、アンドレス・セゴビアの強い影響を受けている。

輪島裕介『創られた「日本の心」神話──「演歌」をめぐる戦後大衆音楽史』（光文社）には、こうして「舶来文化」との折衷的な音楽として発展した昭和時代の流行歌や歌謡曲が、60年代後半以降に「演歌」というジャンルに再定義されていく経緯が描かれている。

レコード歌謡は、あらゆる意味で「舶来」の新文化として日本にもたらされたのであり、「日本的」とされる要素は、外来の音楽要素が定着する過程で後から付加されています。

（輪島裕介『創られた「日本の心」神話』光文社）

同書は、日本にレコード会社が成立した昭和初期の時代にまで遡り、そこから流行歌がどう発展したかを解説している。演歌も歌謡曲もニューミュージックもＪ－ＰＯＰも、近代日本のすべての大衆音楽は「舶来品」をモデルに、その直截的な翻訳を経て、それを下敷きにした「国産品」が作られる過程で支持を獲得してきた、というのが輪島の論だ。

『風街ろまん』が日本のロックの起点になった

ただ、歌謡曲や演歌も含めた戦後の大衆音楽全般ではなく、あくまで今の日本のロックやポップス、つまりニューミュージックを経て定着した90年代以降のJ－POPについて考えるならば、その原点は70年代初頭の数年間にあったと言える。山下達郎や松任谷由実など、今も第一線で活躍する数々のアーティストがこの頃に登場している。

なかでも最重要作とされているのが、はっぴいえんどのセカンドアルバム『風街ろまん』だ。1969年に大瀧詠一、細野晴臣、松本隆、鈴木茂の4人によって結成され、1970年にデビューを果たしたバンドは、翌1971年に本作をリリースし、その評価を決定的なものにした。

「このアルバムは、はっぴいえんどの最高傑作であるばかりでなく、70年代の日本のロックを代表する最重要作品であり、音楽史上に残る名盤です」と佐々木敦は『ニッポンの音楽』の中で同作を評する。同様の評は多い。作家・川﨑大助が著した『日本のロック名盤ベスト100』(講談社)では『風街ろまん』を1位に選び「およそ日本語でロック音楽を作る者で、本作にて実用化されたアイデアから無縁の者はひとりもいない。自動車で言えばT型フォード、日本のロックはここから始まった」と評している。音楽評論家・萩原健太は『70年代シティ・ポップ・クロニクル』(Pヴァイン)の中で、70年代初頭の数年間の音楽シーンの動きがその後の日本のポップスの起点になり、中でも『風街ろまん』が時代を先導する大きな役割を果たしたと論じている。

はっぴいえんどのイノベーション

とはいえ、『風街ろまん』というアルバム自体は発売当初には決して大ヒットしたわけではなかった。では、なぜこの作品はここまで大きな影響力を持ち続けているのか？　はっぴいえんどが日本のロックの源流となっている理由はどこにあるのか。

それは、当時の日本で、ビートルズを筆頭にした海外の新しいロックの潮流を真っ向から受け止め、レコーディングを通してそれをいち早く形にしたのがこのアルバムだったからだ。

60年代はポピュラー音楽の一大転換期だった。フォークが、そしてロックが新しい若者文化として世界中に広まった。それまでのピアノやオルガンではなく、ギター主体のポップソングが当たり前になった。ボブ・ディランらに触発された多くの若者がフォークギターを手に取った。ベンチャーズがエレキギターのブームに火をつけ、そして、１９６５年のビートルズの初来日が巻き起こした旋風が決め手になった。

日本でもこれらの動きに感化されたミュージシャンたちが次々と登場していた。ビートルズの衝撃を直接的に受けたバンドたちが始めたＧＳ（グループサウンズ）のムーブメントがその先駆となったが、デビューにあたっては当時の芸能プロダクションやレコード会社によって専業作曲家があてがわれ、結局、60年代後半のわずか数年でブームは短命に終わってしまう。その一方、旧来の歌謡曲のシステムとは全く別のところから、新たな価値観を持った数々のバンドが登場し始めていた。

そんな中、日本でロックを作ることにまつわる様々なイノベーションを起こしたのが、はっぴいえんどだった。『ニッポン・ポップス・クロニクル1969－1989』（スペースシャワーネットワーク）の著者であり、大瀧詠一とも仕事を共にしシュガー・ベイブやフリッパーズ・ギターを手掛けるなど日本のポップス史の「生き証人」でもあるプロデューサー牧村憲一はこう語る。

「稀な才能を持つ人が奇跡的に集まった。それは他のグループにはないことでした。当時はその才能は評価されていなかったけれど、結果的にそれが日本のポップスの源流になった。あの時代に彼らが気付いていたことが、後の文化に極めて大事なことだったんです」

大瀧詠一、細野晴臣の二人は、単なるソングライターやミュージシャンというだけでなく、自らの音楽のルーツや成り立ちにとても意識的だった。レコーディング技術の追求も含め、音楽制作にあたってのスタンスが他と一線を画していた。「他のどのレコードを聴くより中低域の音が素晴らしかった。日本で初めて素晴らしい録音のロックが生まれたということで評価が上がったんです」と牧村は言う。

松本隆の手掛けた歌詞も大きかった。今となっては隔世の感もあるが、当時、はっぴいえんどの登場は「本来は英語の音楽であるロックを日本語でやることは可能か?」という論争、通称「日本語ロック論争」すら巻き起こした。この時代はまだ、英語の発音や音韻がもたらすロックのリズムに日本語を持ち込むことは難しいという意見もあった。

しかし歌詞を手掛けた松本隆には確信があった。後日彼はこう回想している。

はじめの仕事は日本語はリズムに乗らないという定説をくつがえすことからはじまった。語の区切り方とか、乗りやすい言葉を日常会話や、果ては死語の中から探すという作業から、その〈指向〉がはじまった。そのことを考えれば、日本語でロックを唄うということは、かなりテクニカルな問題だった。そのテクニックには音も詞に関しても、ぼくらは絶対の自信を持っていたと思う。

(松本隆エッセイ集『微熱少年』ブロンズ社)

日本語の響きとロックのグルーヴを融合させた、というだけではない。『風街ろまん』の歌詞には独特の世界観が宿っていた。60年代の高度経済成長によって失われてしまった東京の原風景を「風街」という架空の舞台に託し、ノスタルジーと諦念が入り混じったような文学的な情景を描き出していた。

アメリカへの憧れと日本の原風景

1972年、わずか数年の活動期間を経て、はっぴいえんどは解散する。実質的には、その後の日本のポップスに大きな影響を与えたのはメンバー4人の解散後の活躍だろう。

大瀧詠一はソロアルバム『A LONG VACATION』をヒットさせ、主宰するレーベル「ナイアガラ・レコード」から山下達郎や大貫妙子や伊藤銀次など数々の才能を送り出した。

細野晴臣はソロ活動と並行して、鈴木茂、林立夫、松任谷正隆と共にバンド「キャラメル・ママ」を結成、後にティン・パン・アレイと名を改め、音楽プロデューステームとして70〜80年代に数々の作品を手掛けた。鈴木茂は卓越したプレイ技術を持つギタリストとして活躍した。そして松本隆は作詞家に転身し、松田聖子を筆頭に数々の歌手やアーティストに歌詞を提供、80年代の歌謡曲を代表する作家となった。こうして4人はその後の日本のポップスを支える存在となっていった。

4人のその後の活躍の礎となったのが、実質的に解散が決まっていた段階で作られた1972年のラストアルバム『HAPPY END』だった。ビーチ・ボーイズの名盤『ペット・

サウンズ』を手掛けたヴァン・ダイク・パークスのプロデュース、ロサンゼルスでのスタジオ録音を条件に作られた一枚だ。この制作を通して、大瀧詠一や細野晴臣は自らのルーツに邂逅し、具体的な録音ノウハウの数々を手に入れた。鈴木茂はその後のギタープレイの技を会得し、松本隆はアルバムの最後に収録された楽曲「さよならアメリカ　さよならニッポン」の歌詞を通して、「アメリカへの憧れ」と「日本の原風景」が葛藤とともに重なり合った自らの文学性に落とし前をつけた。萩原健太は、彼らの功績をこう分析する。

はっぴいえんどの音楽の根底には〝はいからはくち〟つまり外来の文化に魅せられた日本人としてのある種の自虐が横たわっていた。この点も大きい。彼らは単純に英米のロックに憧れて、無為な追いつけ追い越せ劇を展開するバンドではなかったということ。両者の間に厳然と存在する文化の違いをきっちり意識したうえでの表現を実現しようとしていたわけだ。これもまた画期的なことだった。

（萩原健太『70年代シティ・ポップ・クロニクル』Pヴァイン）

アメリカからの輸入文化であるロックを、どのようにして「借り物」ではなく、日本文化の中に根づかせるか。そういう試みに、今に至る「J－POP」の源流があった。

洋楽に憧れない世代の登場

紙幅が足りないので大幅に端折るが、昭和から平成にかけて歌謡曲やJ－POPを支えてきたその他の作曲家、プロデューサー、アーティストたちも、そのほとんどが、やはり海外の音楽シーンの動きに大きな刺激を受けてきた人たちだった。中村八大も、筒美京平も、桑田佳祐も、山下達郎も、小室哲哉も、いずれもそれぞれの時代の「洋楽」に憧れ、それを素養に育ち、そこからの影響を日本独自のものに翻案してきた音楽家だった。

こうして日本のポピュラー音楽と「洋楽」との関係性の歴史を見ていくと、この章の冒頭で引用した「全然洋楽の影響を受けてないアーティスト、ユニットが多いんです」というマーティ・フリードマンの指摘が、より大きな意味を持って浮かび上がってくる。

00年代、10年代以降は、J－POPを聴いて育ち、洋楽にはほとんど触れず、日本のロックやポップスのみに影響を受けて自らの音楽を生み出すタイプの作り手が増えている。いきものがかりの水野良樹はその代表だ。やはり洋楽に憧れて育ったドリームズ・カム・トゥルーの中村正人との対談でもその対照的なスタンスが明らかにされている。

水野　洋楽はほとんど聴いてないんですよ。一番音楽に接しやすい時期……中学高校の多感な時期がちょうどＣＤバブルだったんです。だからＪ－ＰＯＰのヒットチャートがふんだんにあって。

中村　あの頃はよかったなあ（笑）。

水野　あはは（笑）。だからたぶん僕らより少し上の世代になるとＪ－ＰＯＰ以外の音楽にも触れていると思うんですけど、僕はＪ－ＰＯＰをむさぼるように聴いていました。それをそのまま出してるっていうのがいきものがかりのスタンスですね。

（音楽ナタリー「カバーアルバム発売記念 中村正人（DREAMS COME TRUE）×水野良樹（いきものがかり）対談」２０１４年3月26日更新）

もちろん、海外シーンの潮流にアンテナを張り、そこから刺激や影響を受けて自らの音楽を生み出すタイプのアーティストはいまだに多い。が、水野良樹だけでなく、日本のロックやポップスのみを聴いて育ち「洋楽のいいところを抽出して落とし込む」という発想を持たないミュージシャンは明らかに増えている。それは20代のアーティストに10年以上取材を続けてきた筆者の紛うことなき実感でもある。

J－POPが「オリジン」になった

水野良樹は前出の対談で「自分が思春期に最も聞いていたのは玉置浩二」と語っている。グループを結成し、路上で弾き語りのライブを始めたのはゆずの影響だった。

中高生のときにJ－POPをむさぼるように聴いていた水野良樹は、デビューが決まり、自らの音楽の素養を増やしていく20代の時期に「同時代の海外シーン」ではなく「過去の歌謡曲や日本のポップスの歴史」を掘り返し、探っていくようになる。

なぜ彼はその道を選んだのか。筆者の取材に水野はこう語る。

「自分たちが生き残る道を探した時に『真ん中が空いてるな』と思ったんです」

その頃、ライブハウスに出ていたのは自分たちがいかに個性的かをアピールするグループばかりだった。しかし、いきものがかりがやっている音楽は、キャラクター的にも、サウンドの指向としても、エッジィなタイプのものではない。周囲の大人たちには「どこか懐かしい」と評される。そこにグループの活路を見出した。過去のレコードを買い集め、中村八大や浜口庫之助《くらのすけ》や宮川泰や筒美京平などの作曲家、阿久悠や阿木燿子や松本隆などの作詞家の仕事にあたり、昭和の歌謡曲の時代を支えていた先達たちに影響を受けるようになっていく。

「中村正人さんも、中村八大さんや筒美京平さんも、海外の音楽を取り入れて日本的な音楽の畑を作ってくれた。僕らはその畑で育ったのである意味、開き直っちゃったんです」

こうして、いきものがかりは「J－POP育ち」であることを積極的に打ち出し、ヒット曲の数々を生み出していった。

「賛否両論ある言葉かもしれないけれども、なんでそこに誇りを持たないんだろうって思っちゃうんです。洋楽と日本的な感覚を掛けあわせて作られた摩訶不思議なJ－POPという音楽、それに幸せな気分にさせてもらったし、キラキラした気持ちを感じさせてもらった。その人たちを見て、ああすごい、こんな人たちになりたい、こんな風に社会に影響を与えるヒットソングを自分たちも書いてみたいという無邪気な思いでこの世界に入っていった。だから、そこにすごく誇りを持っているんですよね」

彼が言う「誇り」という言葉は象徴的だ。その意識は、いきものがかりのプロデュースを手掛けたこともある亀田誠治が言う「J－POPは音楽のあらゆる魅力が詰め込まれた、世界に発信できる素晴らしい総合芸術」という言葉とも通じあっている。そこに込められたニュアンスには、90年代初頭にあったような「追いつかなくちゃいけない」「いつまでたっても勝てない」という意識とは一線を画すものがある。

ただし、水野良樹が言うように「賛否両論がある」というのも、また事実だ。海外の音楽シーンの潮流と切り離され、そのトレンドを反映しなくなった「ガラパゴス化」の進む

00年代、10年代の日本の音楽シーンの状況を否定的に見る向きもある。

しかし、少なくとも、かつてJ－WAVEの斎藤日出夫が願ったような「J－POPがオリジンになりうる」時代が実際に訪れたのが現在の日本、と位置づけることができるのは間違いないだろう。

なぜカバーブームが起こったか

アーティストの意識だけの話ではない。

00年代から10年代は、日本の音楽業界全体の潮流においても、歌謡曲からJ－POPへと脈々と積み重ねられてきた自国のポピュラー音楽の魅力を再発見しようという気運が高まった時代である。

その象徴が「カバーブーム」と呼ばれる現象だ。

00年代以降、毎年数々のカバーアルバムがリリースされている。その盛況は長く続き、もはやブームという言葉が当てはまらないほどの定着を見せている。

「カバーブームの立役者」と呼ばれる徳永英明や「カバーの女王」と称されるJUJU以外にも、Ｍａｙ Ｊ.、平井堅、コブクロ、クリス・ハート、倖田來未、堂本剛、柴咲コウ、渋谷すばる、ＢＥＮＩ、華原朋美など、様々なシンガーが邦楽カバーを手掛けたアルバムを発表している。

こうしたアルバムでカバーの対象に選ばれるのは、いわゆる「名曲」と言われるような、長く愛され続けるタイプの曲たちだ。坂本九「上を向いて歩こう」や「見上げてごらん夜の星を」は、もはやスタンダードナンバーと言っていいほど多くのアーティストに歌われている。他にも、喜納昌吉&チャンプルーズ「花〜すべての人の心に花を〜」や美空ひばり「川の流れのように」、森山良子「涙そうそう」なども多くカバーされている。

昭和時代の歌謡曲だけでなく、90年代のヒット曲も多い。THE BOOM「島唄」、ドリームズ・カム・トゥルー「LOVE LOVE LOVE」、スピッツ「チェリー」、宇多田ヒカル「First Love」などが定番だ。高橋洋子「残酷な天使のテーゼ」も多くのアーティストに歌われている。

では、なぜこれらのカバーブームが起こったのだろうか?

今まで、こうしたカバーアルバム人気は「CD不況」の話題と絡めて語られることが多かった。要するに、音楽業界がCD売り上げ不振にあえぐ中、好調なセールスを手堅く上げることのできるアイテムとして企画された、というストーリーである。もちろん、そういった側面もあるだろう。だが、それはあまりに一面的な見方だ。

カバーブームの背景には、若者層がターゲットであったがゆえにヒット曲の賞味期限が短かった80年代、90年代に比べて、幅広い世代がＪ－ＰＯＰを受容するようになった00年代以降の音楽シーンの市場の変化がある。

そしてこれは、第二章で書いた「カラオケ人気曲の定番化」と並行して起こったものとも言える。カラオケの人気ランキングでは、00年代後半から、リリースされたばかりの新曲が上位にランクインすることが減り、かわって一青窈「ハナミズキ」やＭＯＮＧＯＬ８００「小さな恋のうた」が何年にもわたって年間ランキングの10位以内を占めるようになった。ちなみにこの2曲とも、徳永英明、新垣結衣、ＪＵＪＵなどによってカバーされている。リリースから20年以上たってカラオケ人気が急上昇した中島みゆき「糸」も、Bank Band、福山雅治、柴咲コウなどがカバーしている。

10年代以降の楽曲では「千本桜」の動きが興味深い。もともとは初音ミクを用いたボーカロイド楽曲として発表されたこの曲は、ニコニコ動画をベースに「歌ってみた」動画を投稿する「歌い手」たちに多くカバーされ、ボーカロイドのファン以外にも広がっていった。さらには「ラスボス」という通称でニコニコ動画のカルチャーに接近していた小林幸子が歌い、２０１５年にはこの曲で紅白歌合戦への出場も果たした。カバーブームの定着は、ネット文化を経由して「ボカロ発のスタンダードナンバー」を生み出すまでに至ったわけである。

カバーブームは「歌い継がれる日本の名曲」が存在感を持つようになった日本のポピュラー音楽のあり方全体の変化を象徴する一つの現象と言えるだろう。

ブームの仕掛け人は誰か

こうした現在のカバーブームの火付け役的な存在となったのが、徳永英明だ。

彼が2005年に発売したアルバム『VOCALIST』の大ヒットが、その後に続くカバーアルバム頻発の端緒となった。シリーズはその後も人気を博し、2015年の『VOCALIST 6』までの累計売り上げは600万枚を超えている。

徳永英明は1986年、24歳の時にシンガーソングライターとしてデビューしている。「壊れかけのRadio」など数々のヒット曲を送り出すが、その後、スランプや度重なる闘病を経て一時は活動休止状態に追い込まれる。そんな彼が、再起をかけて取り組んだのがカバーアルバムの制作だった。

そしてその制作に関わったのが、音楽プロデューサーの川原伸司だった。

川原伸司は1950年生まれ。ビクターエンタテインメントからソニー・ミュージックエンタテインメントを経て、ディレクターやプロデューサーとして数々のヒットを生み出してきたキャリアの持ち主だ。中森明菜や井上陽水など数多くのアーティストを担当し、大瀧詠一とナイアガラ・レコードにも深い関わりを持つ。作曲家としても「平井夏美」のペンネームで、井上陽水との合作「少年時代」や、松田聖子の「瑠璃色の地球」など多くのヒット曲を手掛けている。

実は、川原伸司には徳永英明以前にもカバーアルバムのヒットの実績があった。1994年にリリースされた中森明菜『歌姫』、2001年にリリースされた井上陽水『UNITED COVER』は、ともに川原がプロデューサーをつとめている。『UNITED COVER』は80万枚を超える売り上げを記録し、これらの作品は2002年にリリースされた島谷ひとみによるヴィレッジ・シンガーズのカバー「亜麻色の髪の乙女」のヒットと共にカバーブームの先駆けとなった。

ちなみに、『歌姫』のライナーノーツで、川原は、ちあきなおみの『すたんだーど・なんばー』(1991年)を意識してアルバムを制作したことを明かしている。『すたんだーど・なんばー』は、その名の通り、昭和時代の日本の流行歌を、ちあきなおみの歌唱によって新たな「スタンダードナンバー」として捉え直す試みのもと作られたアルバムだった。1曲目に収録されたのは永六輔・中村八大による「黄昏のビギン」。オリジナルは水原弘が歌っていたが、シングルB面曲だったこともあり、リリース当時はほとんど注目を集めなかった。しかしこのカバーをきっかけに「黄昏のビギン」は再び脚光を浴びる。中森明菜は『－ZERO album－歌姫２』（２００２年）、井上陽水は『UNITED COVER 2』（２０１５年）でこの曲を歌っている。

佐藤剛『「黄昏のビギン」の物語——奇跡のジャパニーズ・スタンダードはいかにして生まれたか』（小学館）には、この曲が辿った数奇な運命と共に、「歌い継がれる楽曲」が日本に生まれるようになった理由が解き明かされている。

日本にスタンダード・ソングがつい最近まで定着しなかったのは、いい作品が生まれてもそれをカヴァーできないという、戦前からのシステムに原因があったからだ。そうした旧弊なシステムに風穴を開けて、結果的に骨抜きにしていったのは、日本の新しい音楽を作ろうとした若いソングライターたちだった。その先駆者が六・八コンビ、すなわち作曲家の中村八大と作詞家の永六輔である。

（佐藤剛『「黄昏のビギン」の物語』小学館）

現在の「カバーブーム」の端緒には、商業的な仕掛けではなく、歌い継がれる楽曲を日本にも定着させようという作り手たちの意志があった。そして、その源流を辿ると、ちあきなおみを経て、中村八大・永六輔の存在に行き当たるわけである。

大瀧詠一の「分母分子論」

川原伸司とカバーブームの源流については、もう一つ、興味深い話がある。

それが、1982年にリリースされた金沢明子「イエロー・サブマリン音頭」を巡る話だ。ビートルズの名曲を音頭調にアレンジして民謡歌手の金沢明子が歌い、大きな話題を呼んだこの曲。当時は賛否両論を呼んだが、ポール・マッカートニー自身も高く評価するなど現在は広く認められたカバーとなっている。

この曲のプロデュースを手掛けたのが大瀧詠一だ。そしてディレクターをつとめたのが、やはり川原伸司だった。ビートルズの楽曲を音頭にするというアイデア自体も、もともとは川原の発案によるものだったという。

そして「イエロー・サブマリン音頭」が発表された翌年の1983年、大瀧詠一は雑誌『FMfan』（共同通信社）に「分母分子論」という自説を発表する。音楽評論家の相倉久人との対談によって語られたのは、日本のポピュラー音楽の成り立ちを「世界史分の日本史」という言葉で表現する論だ。

相倉　（中略）これだけサウンドが浸透しても、日本人の感性では、やっぱりバック・

サウンドとボーカルが別な扱いでしょ。

大滝　近づきましたね。今日のテーマの、世界史分の日本史っていうのは、そこなんですよ。サウンドはいつも輸入で、ここがいつも変化してくる。で、そこに日本語がのっかるというのがひとつの形になってますね。

（『文藝別冊　増補新版 大瀧詠一』河出書房新社）

明治以来、日本のポピュラー音楽は洋楽のサウンド（＝世界史）をベースに発展してきた。そこに日本語の歌詞とメロディ（＝日本史）を折衷させてきた。つまり、分母である「世界史」の上に、分子として「日本史」が乗っかっている構造が、日本のポピュラー音楽の基本だと大瀧詠一は論じる。

しかし、時間が経つにつれて、大衆の中で「世界史」という分母が忘れ去られ、分子にある「日本史」だけが意識に残るようになっていく。さらには分子にあったはずの「日本史」を分母にした新たな「日本史」が作られ、3層構造の音楽が生まれるというのが「分母分子論」の骨子だ。

そうした80年代前半の状況において、大瀧詠一は自らの音楽活動を「分母の確認」、つまり洋楽のルーツを露わにすることと位置づけている。

大滝　（中略）『ロング・バケイション』も「イエロー・サブマリン音頭」も、僕にとっては同じ。分母の確認なの。（前掲書）

そして、大瀧詠一が「分母分子論」を発想していた1982年に、その一つの実践であった「イエロー・サブマリン音頭」を共にプロデュースしていたのが川原伸司だった。さらにその10年後、20年後に川原伸司が仕掛け人の一人となったカバーブームは、まさに1982年の時点で大瀧詠一が論じた『『日本史』を分母にした新たな『日本史』』の実践だった。

カバーブームは、00年代以降に生まれた日本のポピュラー音楽の新しい潮流を象徴する現象だった。その背景には、はっぴいえんどの登場以来、数々の作り手によって繰り広げられた思考と試行が横たわっているのである。

2　新たな「日本音楽」の世界進出

なぜBABYMETALは世界を熱狂させたのか

坂本九以来、53年ぶりの快挙――。

2016年春、そんなニュースが世を賑わした。4月1日に世界同時リリースされたメタルダンスユニット・BABYMETALのセカンドアルバム『METAL RESISTANCE』が、米ビルボードのアルバムチャートで初登場39位を記録したのである。日本人アーティストのアルバムが同チャートのTOP40にランクインするのは、1963年に坂本九のアルバム『スキヤキ・アンド・アザー・ジャパニーズ・ヒッツ』が14位となって以来のことだ。

イギリスでの反響はさらに大きかった。アルバムがリリースされた翌日の4月2日には、BABYMETALはロンドンのウェンブリー・アリーナで日本人初のワンマン公演を行っている。収容人数は1万2000人、これまでボブ・ディランやU2など数々の大物がライブを行ってきた場所だ。アリーナは超満員。ライブは大きな反響を呼び、アルバムは全英15位を記録。日本のアーティストとしては史上最高位となった。

2013年1月に、BABYMETALはシングル「イジメ、ダメ、ゼッタイ」でメジャーデビューを果たしている。その時点でメンバー3人は目標に「世界征服」を掲げていたが、もちろん、最初は誰もそんなことは本気にしていなかった。冗談や絵空事だと受け止めていた。しかしそこから3年で、その言葉は現実のものとなりつつある。アメリカ、イギリス、カナダ、メキシコ、フランス、ドイツなど、各地のフェスで数万人のファンを沸かせ、ワールドツアーも各地で盛況を呈している。

なぜBABYMETALはここまで海外のファンを熱狂させたのか？

その理由の筆頭には、やはりその存在が世界的にもワン・アンド・オンリーのものだったことが挙げられるだろう。10代の少女3人が凄腕のバンドをバックにドラマティックな歌声を響かせ、キュートなダンスを魅せる。可愛い女の子が本格派のメタルを歌う。しかも、単に物珍しいだけではない。楽曲やパフォーマンスに、海外の大物バンドやコアなメタルファンを魅了するだけの説得力が宿っていた。

最初のきっかけを生み出したのは2013年のサマーソニックだった。この年に初めて本格的なフェス出演を果たした彼女たちのステージを、その年のヘッドライナーをつとめた世界的なメタルバンド、メタリカのメンバーやスタッフが偶然に目撃する。そこで彼らに与えたインパクトが翌年以降の海外フェス出演につながった。

そして2014年夏にはイギリスにて同じくメタリカがヘッドライナーをつとめる世界最大級のメタルフェス「ソニスフィア・フェスティバルUK」に出演。6万人を前に見せた圧倒的なパフォーマンスが現地のファンの度肝を抜いた。

プロデューサーのKOBAMETALは後日に行われたインタビューで、当時をこう振り返っている。

セッティングしてるときは全然人がいなかったんですけど、1曲目が始まったらぞろぞろ集まってきて、気がついたら全部埋まってて。びっくりしましたね。主催の人もいってましたけど、BABYMETALは実質2番目で、昼の12時からこんなに埋まってるのは初めてだって。その年のソニスフィアのベストアクトのトップ10にも選ばれて。いや、あれは本当びっくりでした。

（『音楽主義』68号）

単なる話題性ではなく、あくまで現場で見せたライブパフォーマンスの説得力で、メタリカのような大物バンドや、目の肥えたヨーロッパのメタルファンを魅了した。それがBABYMETALが海外で支持を拡大した最大の理由と言っていいだろう。

「カレーうどん」としての発想

「もしBABYMETALがアメリカのバンドだったら、賭けてもいいが、一笑に付されて終わりだ。しかしそこには日本のエンタテインメントの、単に滑稽だとかバカバカしいと切って捨てるわけにはいかない、真にユニークな何かがある」

英『ガーディアン』紙に掲載された記事にて、カルチャー誌『ビザール』の編集者スティーブン・ダルトリーは、こう語っている。

BABYMETALが持つユニークさとは何か。それは「異種混交」の発想にある。もともと全くの別ジャンルだった「ダンスポップ」と「ヘヴィメタル」を融合させた。しかも、細分化した様々なヘヴィメタルのサブジャンルや他ジャンルの音楽性も取り入れ、1曲の中に過剰に混在させた。J－POPの常識からもヘヴィメタルの伝統からも異端だが、だからこそ、そのユニークさが海外にも受け入れられた。KOBAMETALはグループのコンセプトをこのように語っている。

BABYMETALってカレーうどんみたいな発想なんですよ。誰があれを発明したのか分かんないですけど、カレーとうどんっていう全く別のものを合わせたら意外と美味しかった。ああいう偶然の産物みたいな、いい意味での日本文化のストレンジ感があると思う。

（『ミュージック・マガジン』2014年3月号、取材は筆者）

「全く別のものを合わせたら意外と美味しい」という発想は、コンセプトだけのものではない。作曲家たちもそれを音楽的に実践している。その代表が、BABYMETALの名を一躍海外に知らしめた「ギミチョコ!!」を作曲した上田剛士だ。彼は、かつてザ・マッド・カプセル・マーケッツのメンバーとして、バンド時代にも海外進出を果たしている。その音楽性も、ハードコアパンクにテクノやインダストリアルメタルの要素を融合させたものだった。

自身の音楽の作り方について、「ブロックを組み合わせるような作業」と、彼はザ・マッド・カプセル・マーケッツ時代のインタビュー(『ロッキング・オン・ジャパン』2001年8月号)で語っている。まるでブロックを組み合わせるかのように、様々なジャンルの音楽を「足し算」して合体させる発想が、BABYMETALのユニークな音楽性に活かされている。

「ミクスチャー」から生まれた発明

上田剛士のような「足し算」の発想が、なぜ日本の音楽シーン独特のものとなったのか。

筆者は「ミクスチャー・ロック」という和製英語の普及にその一因があると考えている。ザ・マッド・カプセル・マーケッツがデビューした90年代は、レッド・ホット・チリ・ペッパーズなど、ロックにファンクやヒップホップを取り入れたスタイルのバンドがアメリカで脚光を浴びた時代だ。本国では「ファンク・メタル」や「ラップ・メタル」と称されたバンドたちが、日本では「ミクスチャー・ロック」という独自の呼称で紹介された。

この言葉は、後続のミュージシャンたちにも大きな影響を与えた。彼らは「ミクスチャー・ロック」を拡大解釈した。ファンクやヒップホップだけでなく、様々なジャンルの音楽を果敢に「ミクスチャー」することが格好いい、クールだという美学が広まった。

その代表が、マキシマム ザ ホルモンだ。パンク、ハードコア、スクリーモを基本にしながら、1曲の中でめまぐるしく展開が変化する曲調を大きな特徴とする彼ら。こうした音楽性について、すべての楽曲を手掛けるマキシマムザ亮君は、ビジュアル系バンド the GazettE のボーカリスト・RUKIとの対談でこう語っている。

「僕、好きな音楽が雑食で。各国のハードコアや各種メタル、レゲエ、メロコア、ファンクに昭和のアイドル歌謡曲や80年代アニソンまで。（中略）好きな音楽に罪はねぇ！って思いながらやりたい要素を全部やっちゃう！っていうのが、ホルモンなのかなって思います」

（Va net「対談 Vol.2 RUKI × マキシマムザ亮君」）

こうした発想は、「ミクスチャー・ロック」というジャンル名が定着して以降の日本のロックバンドに特有のものと言っていいだろう。1曲の中にありとあらゆる音楽の要素を圧縮して混在させるようなスタイルが一つのスタンダードとなった。

また、前述の対談でホストをつとめたRUKI率いるthe GazettE も、やはり「過剰な足し算」を行ってきたバンドだ。2002年に「ネオビジュアル系」の旗手としてデビューした彼らは、X JAPAN、L'Arc~en~Ciel、DIR EN GREY など90年代以降に隆盛した「ビジュアル系」シーンの先達からの影響を「足し算」で組み合わせた。RUKIはインタビューで自分たちの音楽性をこう表現している。

「あのバンドのあの曲と、このバンドのこの曲、どっちもやってるバンドがあったらすげぇカッコいいなっていう。それだと思ってるんで、the GazettE っていうのは。いろんなものをドッキングさせて意味わかんないのをやっている」

（『CDでーた』2009年8月号）

彼らもまた、アジア、ヨーロッパ、北米、中南米に熱狂的なファン層を抱え、海外に巨大な支持を広げるバンドだ。洋楽に対するコンプレックスを持たず、日本独自の「ビジュアル系」のシーンの中でガラパゴス的な進化を遂げたバンドがthe GazettEだった。そういう彼らが「これっぽっちも興味がなかった」（リアルサウンド「the GazettE『UNDYING』インタビュー」２０１６年5月2日更新）という海外進出を果たし、各国で熱狂を生み出しているのが10年代の状況だ。

「過圧縮ポップ」の誕生

ロックバンドだけでなく、アイドルソングの領域でも、様々なジャンルの音楽を雑食的に合体させる音楽性のグループが10年代に人気を博している。

その代表は、ももいろクローバーZとでんぱ組．ｉｎｃ。どちらのグループも、情報量が多く、メロディや曲展開が細密化し、１曲の中にジェットコースターのようなめまぐるしい展開を持つ楽曲が人気となっている。

たとえば、ももいろクローバー名義で２０１０年にリリースされたデビュー曲「行くぜっ！怪盗少女」がその代表だ。発表された当時は、その忙しない展開がアイドルソングとしては異色とされ、リスナーには戸惑いを持って受け止められていた。しかしそのユニークな曲調が徐々に評判を呼ぶようになっていく。

また、でんぱ組．ｉｎｃも、ブレイクのきっかけとなった「Ｗ．Ｗ．Ｄ」など、１曲の中に多彩な音楽性が同居することが大きな特徴だ。

これらの楽曲を手掛けたのは「ヒャダイン」という名でも知られる作曲家、前山田健一。彼は自分の作風についてこう語っている。

> 小学生の頃に、遊びの時間としてゲーム音楽やアニメの曲やCMやドラマの主題歌を自分でアレンジしてメドレーで弾いていたんです。一曲の中にごちゃまぜにする感覚はその頃からあったのかもしれない。
>
> （『UTB』2011年12月号、取材は筆者）

前山田は「一曲の中にごちゃまぜにする」と言う。BABYMETALの楽曲を手掛けた上田剛士は「ブロックを組み合わせるような作業」と言い、マキシマム ザ ホルモンのマキシマムザ亮君は「やりたい要素を全部やっちゃう」、the GazettEのRUKIは「いろんなものをドッキングさせて意味わかんないのをやっている」と言う。共通するのは、様々なジャンルの音楽性をごった煮的に合体させ、混在させる感覚だ。

BABYMETALが世界の音楽シーンにセンセーションを巻き起こしている最大の理由は、その音楽性のユニークさにある。ただ、それを、単にヘヴィメタルという一つの音楽ジャンル内の現象としてのみ語るのは片手落ちのことだと筆者は考える。

彼女たちの存在は、ももいろクローバーZやでんぱ組.incなども含め、10年代のJ－POPシーンに勃興している「過圧縮ポップ」とも呼ぶべき新たな音楽スタイルの象徴として位置づけることができるのではないだろうか。

「パンク」としてのきゃりーぱみゅぱみゅ

きゃりーぱみゅぱみゅも、世界から見た10年代のJ－POPシーンを代表する存在だ。彼女のキャリアにおける大きな特徴は、実は海外〝進出〟をしたわけではないということ。かつてのピンク・レディー、松田聖子、宇多田ヒカルのように、日本で頂点に立ってからアメリカでデビューする道程を辿ったわけではない。国内外で同時に火がついた。2011年にリリースされたデビュー・ミニアルバム『もしもし原宿』のリード曲「PONPONPON」は世界23ヵ国のiTunes Storeで先行配信され、フィンランドとベルギーのエレクトロニックソングチャートで1位を獲得。翌2012年にリリースされた1stアルバム『ぱみゅぱみゅレボリューション』は同じくアメリカ、フランス、ベルギーの各エレクトロニックチャートで1位となった。

翌2013年、きゃりーは8ヵ国18公演におよぶ初めてのワールドツアーを開催する。海外の熱狂的な反響を受けて、彼女自身はインタビューにて「私は『2年目で世界ツアーなんて早いんじゃないか』って思ってたんですけど、向こうの人たちは『2年間も待ってたんだよ。来てくれてありがとう』みたいな感じで、すごくうれしかったです」と感想を語っている（音楽ナタリー「きゃりーぱみゅぱみゅ『にんじゃりばんばん』特集　2013年3月21日更新」）。

なぜ彼女は各国で同時多発的なブレイクを果たすことができたのか。所属レーベル「unBORDE」のレーベルヘッドをつとめるワーナーミュージック・ジャパンの鈴木竜馬に話を聞くことができた。

彼はまず「時代との相性が本当によかったと思います」とデビュー時を振り返る。

きゃりーはSNSと動画サイトが〝前提〟となった時代に登場したアーティストだった。YouTubeで公開された「PONPONPON」のミュージックビデオはたちまち話題を呼び、公開後1ヵ月で200万回以上の再生回数を記録。コメント欄には各国語で書かれた感想が集まった。当時すでに世界中に1000万人以上のフォロワーを持っていたポップスター、ケイティ・ペリーがツイッターで紹介したことも大きかった。

美術デザインを担当した増田セバスチャン、ミュージックビデオの監督を手がけた田向潤、スタイリングの飯島久美子は、その後もきゃりーのクリエイティブに欠かせない存在となり、きゃりーは日本発の「カワイイ」カルチャーを代表するポップアイコンとして各国にファンを増やしていく。

「『カワイイ』と言われるカルチャーって、70年代ロンドンのパンク・ムーブメントと似たところがあると思うんですよ」と、鈴木は言う。共通点はファッションと音楽が結びついたムーブメントである、ということだ。

「『カワイイ』カルチャーというのも、つまりは、カラフルでキラキラしている日本の女の子たちのポップ・カルチャーが好きな海外の人たちが飛びついてるっていうことだと思うんです。日本人が思っている以上に、向こうの人はファッションと音楽が結びついたカルチャーとしてそれを捉えていますね」

原宿の元気玉

きゃりーぱみゅぱみゅの所属事務所・アソビシステム社長の中川悠介は、デビュー前から世界に向けた発信を意識していた。

「原宿のファッションにオリジナリティーを見いだす外国人は多い。日本で作った日本語の文化を海外に持っていくとどうなるか。興味があった」（日本経済新聞「世界のきゃりーぱみゅぱみゅ　海図を描いた男たち」2014年9月16日更新）

当時きゃりーはモデルとして活動を始め、本人が発信するブログも注目を集めていた。

とはいえ、まだ将来性は未知数の高校生である。それでも鈴木は中川から話を受け「あれだけセンスのいい子なら間違いない」と、デモ曲を聴く前から契約を結んだ。

決定打になったのが、中田ヤスタカがサウンドプロデュースを手掛けるということだった。中田は自身のユニット「ｃａｐｓｕｌｅ（現・ＣＡＰＳＵＬＥ）」でのデビューを経て、サウンドプロデュースを手掛けるＰｅｒｆｕｍｅが２００７年に「ポリリズム」でブレイク、２ndアルバム『ＧＡＭＥ』（２００８年）、３rdアルバム『⊿（トライアングル）』（２００９年）を共にオリコン１位に送り込み、飛ぶ鳥を落とす勢いでヒット曲を量産していた。ただ、中田にとっても、きゃりーのデビューは勝負をかけたプロジェクトだった。鈴木はこう振り返る。

「初めての打ち合わせで中田は、『とにかくきゃりーを原宿の元気玉にして、東京の元気玉にして、日本の元気玉にして、海外に出そう』って言ったんですよね。その意図にすごいと思った。これがサウンドだけでない、中田ヤスタカのプロデューサーとしての才覚だと思うんですよね。僕自身も、その言葉に相乗りできる感覚がすごくあった」

こうして鈴木は中川と共にサポート態勢を整える。フランスで行われたイベント「JAPAN EXPO」に出演した際にも、現地のレーベル担当者と密にコミュニケーションをとり、メディア露出を徹底的に行った。ヨーロッパでの成功をアジアとアメリカに広げた。グローバル企業であるワーナーミュージックの利点が活かされた。一つのミュージックビデオの流行を一過性のものに終わらせないために、継続的なプロモーションが行われた。それが、その後のワールドツアーの成功に結びついた。

鈴木は中田ヤスタカのミュージシャンシップについて「常に確固たる意志を持って一球入魂で作品制作に臨んでいる。加えて、必ずどこかでオリジナリティというものを意識している」と評する。

きゃりーが海外で受け入れられた理由は、ファッションにおいても、音楽においても、欧米にはない「オリジナリティ」が最大のキーポイントだったと言えるだろう。

中田ヤスタカが作る次の「東京」

きゃりーぱみゅぱみゅと並行して、Ｐｅｒｆｕｍｅも２０１２年にはグローバル企業であるユニバーサルミュージックに移籍し、積極的な世界展開を開始している。同年にはアジア４ヵ国、翌２０１３年にはヨーロッパ３ヵ国でのツアー、そして２０１４年にはアジア、ヨーロッパ、アメリカを巡る本格的なワールドツアーが実現。２０１６年にはアルバム『COSMIC EXPLORER』を引っさげてのアメリカ単独ツアーも行われた。

中田ヤスタカは、２０１６年夏のリオ五輪閉会式で披露された２０２０年の東京大会プレゼンテーションショー「トーキョーショー」にも楽曲を提供している。第四章でも触れたこのセレモニーで、ＰｅｒｆｕｍｅとBABYMETALの振り付けを手掛けるＭＩＫＩＫＯが総合演出と演舞振り付けを、ライゾマティクスの真鍋大度がチーフテクニカルディレクターをつとめた。中田も含め、これまでＰｅｒｆｕｍｅの音楽やライブ演出を手掛けてきた「チームＰｅｒｆｕｍｅ」が、オリンピックの大舞台に集結した形だ。

Ｐｅｒｆｕｍｅが象徴するような「音楽×ダンス×テクノロジー」を融合させた最先端のエンタテインメントが、新しい日本のポップ・カルチャーの一つの結実として世界に発信される。それが10年代のＪ－ＰＯＰに生まれている新しい潮流の一つと言っていい。

では、中田自身は現状についてどう考えているのだろうか。筆者の取材に対して、彼はこう語った。

僕自身は、海外の人から見た時に〝東京を代表するサウンド〟っていうのは、まだ定まってないと思うんです。（中略）日本はすごく大きなマーケットだし、音楽が好きな人も多いし、それにちゃんとお金を払うという人も多いから、東京は「音楽好きの街」としてはものすごくいい街だと思うんですよ。世界でもトップレベルだと思います。でも、コンテンツを作ってる側が受け身な気がする。それは、日本の人が自国の音楽をちゃんと買ってくれるから、それ以上のことを考える必要があまりなかったせいだと思っていて。だから、海外から見た東京の音楽がどういうイメージになるのかは、これから決まっていくんじゃないかと思うんです。

（オリコンスタイル「中田ヤスタカ×米津玄師　映画主題歌でコラボ『ありがちなものにしたくなかった』」２０１６年9月30日更新、取材は筆者）

海外進出について尋ねた筆者の問いに、中田は「海外発になるって意味での海外進出なら、最初から引っ越さないといけないと思います」と答え、その上で「僕は東京に住んでいる以上、〝東京発〟でいたい」と、その真意を語った。

音楽シーンには「フィラデルフィア・ソウル（フィリー・ソウル）」や「シカゴ・ハウス」など、都市の名を冠したジャンル名がいくつか存在している。おそらく、中田が考えているのは、それと同じようにグローバルな視点で「東京」のイメージを体現するようなサウンド、それを象徴するムーブメントを作っていくということだろう。

こうして見ていくと、10年代の日本の音楽シーンにそれ以前の日本とは違う新しい潮流が生まれているのは明らかだ。

90年代までの日本のポピュラー音楽は、ロック、ポップス、テクノ、ヒップホップなど英米の音楽を取り入れ、それをローカライズする「輸入文化」として発展してきた。しかし、00年代中盤以降、特にYouTubeがプラットフォームとして普及してからは、日本の音楽カルチャーが海外に「輸出文化」として広がっていく潮流が生まれている。

正直、とても面白い状況になってきたと思っている。

第六章　音楽の未来、ヒットの未来

過渡期の続く音楽業界

前章で語ってきたように、10年代の日本の音楽カルチャー、アイドルもロックもひっくるめた新しい日本のポピュラー音楽を巡る状況には、これまでにない大きな可能性が広がっている。とても豊かな音楽シーンが生まれている。それが筆者の嘘偽りない実感だ。

しかし、ビジネスやマーケットの動向を見れば、決して先行きが明るいと言うことはできない。音楽ソフトの売り上げは落ち込みを続けている。ライブ・エンタテインメント市場は拡大しているが、それぞれの会場の収容人数が決まっている以上、動員数には上限がある。第四章に登場したヒップランドミュージックコーポレーションの野村達矢も「現実はまだまだ音楽ビジネスの構造自体が崩壊している過渡期の段階」と、現状に危機感を持っていることを語る。

では、その先には何があるのか？　この章では、グローバルな市場動向を見据えた上で、音楽の未来、そしてヒットの未来について問題提起をしていきたい。

所有からアクセスへ

「消費者の要望は、音楽を『所有』することから、音楽に『アクセス』することへと変化している」

国際レコード産業連盟（IFPI）のフランセス・ムーアCEOは、こう告げた。2015年4月に発表したデジタル音楽市場調査結果のレポートの中でのことだ。

2015年という年は、世界のレコード産業にとって歴史的なターニングポイントになった。2016年4月のIFPIによる発表でそのことが鮮明に示された。世界全体の音楽市場のうち、デジタル配信（ダウンロードおよびストリーミング）の売り上げが全体の45％を占め、一方、パッケージメディア（レコードやCDなど）の売り上げが占める割合は39％となった。初めてデジタル配信がパッケージメディアを上回ったのである。同レポートでは、世界19ヵ国の音楽市場で同様の傾向が見られることが示されている。

おそらく、この趨勢がこの先覆ることはないだろう。グローバルな音楽市場においてはデジタル配信が完全に主軸となった。CDはすでに「過去のメディア」と化したのだ。さらに言えば、ダウンロード配信すら徐々に過去のものになりつつある。デジタル配信の売り上げの内訳に占めるiTunesなどの有料ダウンロード配信のシェアは急速に減少している。そして「聴き放題」の定額制ストリーミング配信による収益がそれに取って代わりつつある。

背景にあるのは、アップル・ミュージックやグーグル・プレイ・ミュージック、アマゾン・プライム・ミュージックなど、グローバルなITプラットフォーム企業が2015年に相次いで定額制ストリーミング配信サービスを開始したことだ。先行するスポティファイも、全世界でのユーザー数は1億人を超え、有料会員だけでも4000万人以上となった。

拡大するグローバル音楽産業

2015年が世界のレコード産業にとって歴史的なターニングポイントになった理由は、もう一つある。

1998年以来、17年ぶりに音楽産業がプラス成長を果たしたのである。IFPIは、2015年の世界音楽市場全体の収益が150億ドルとなり、前年に比べて3・2%増となったことを発表した。フランセス・ムーアはこう表現する。

「およそ20年におよぶ衰退の後、2015年、レコード産業は重要なマイルストーンを目にしました。音楽消費の爆発的な成長、グローバルな収益増が、数字として明らかになったのです。デジタルの売り上げがパッケージメディアの売り上げを初めて上回ったことは、音楽産業がデジタル時代に適応し、より強く、よりスマートに拡大していることを示しています」(IFPI Global Music Report 2016、訳は筆者)

市場の数字が示すのは、前述したストリーミング配信の収益が世界のレコード産業全体の成長の起爆剤となっていることだ。

10年代に入り、定額制ストリーミング配信サービスは急速な拡大を続けている。2015年のデジタル配信売り上げ全体の中でも、ストリーミングによる収益が占める割合は43%となり、ダウンロードの45%に迫っている。おそらく2017年4月のIFPIの発表で、2016年に両者が逆転したことが報じられるはずだ。

世界の潮流に乗り遅れた日本

所有からアクセスへ——。音楽の聴かれ方は抜本的に変わりつつある。

しかし、日本の音楽業界は、はっきりとその潮流に乗り遅れている。

日本レコード協会が2016年4月に発表した「日本のレコード産業2016」を見ると、2015年の音楽ソフト（CD、DVD、ブルーレイなど）の売り上げは2544億円と、前年比ほぼ横ばいを続けている。有料音楽配信売り上げは471億円（前年比108%）となり、そのうち定額制ストリーミング配信サービスの売り上げは124億円（前年比158%）。ストリーミング配信の売り上げは大きく伸びているが、全体に占める割合はまだ決して大きくはない。パッケージメディアの売り上げが音楽市場の7割以上を占めている。「売れない」と言われ続けているCDがいまだに市場の主軸を占め、ダウンロード配信がいまだにデジタル音楽配信の多くのシェアを占めているのである。

なぜ日本では海外に比べて定額制ストリーミング配信サービスの普及が進んでいないのだろうか?

理由はシンプルだ。邦楽の最新曲が網羅されていないのである。配信を許諾していないアーティストが多く存在する。そうすると、リスナーにとってはCDを買うかレンタルするか、もしくはダウンロードする以外に楽曲を聴く選択肢がない、ということになる。

各国でそれぞれの音楽配信に最新ヒット曲がどれくらいあるかを数えてみると、その差は歴然となる。2016年9月末時点で、1ヵ月における週間チャートの上位50曲の4週間分、のべ200曲のうちどれだけがストリーミング配信サービスに提供されているのかを数えてみた。すると、アメリカとイギリスでは、スポティファイ、アップル・ミュージック、共に網羅率100%。後述するアデルのように配信開始を遅らせる例もあるが、基本的には、すべてのヒット曲がストリーミング配信に提供されている。

対して邦楽アーティストの新曲が提供されている割合は非常に少ない。ビルボードの「ジャパンHot100」の上位50曲の4週間分のうち、アップル・ミュージックに提供されているのは43%だ。LINE MUSICやAWAなど他のサービスもほぼ同じ数字となっている。海外と比べて、かなりの差がある状況だ。YouTubeにミュージックビデオを公開しながら、ストリーミングには配信されていない楽曲もある。

若い世代の中にはもはやCDプレイヤーを持っていないリスナーも多い。きわめて不便な状況を強いていると言えるだろう。

変化を厭い「ガラパゴス化」していた

しかし、潮流は変わりつつある。

2016年9月、スポティファイがようやく日本上陸を果たしたことが大きな契機になるはずだ。

2012年に日本法人を設立したスポティファイが長らく日本でのサービスを開始できなかった理由は、「フリーミアム」と言われる仕組みに原因があった。広告つきの無料版でお金を払わない利用者にも楽曲を配信してサービスに親しんでもらい、有料会員からの収入と広告収入で利益を得るビジネスモデルだ。それに音楽業界が抵抗した。スポティファイも国内レコード会社の出身者を雇い入れて水面下で交渉を続けてきたが、一部のレコード会社が無料配信に強く反発し、日本での事業開始までに時間を要した。

しかし、世界全体の音楽市場のあり方を見ても、ストリーミング配信サービスは必然的な進化の形と言える。それによってリスナーはより豊かな音楽体験が可能になり、アーティストにはその収益が還元されるようになる。実際、スポティファイはその利便性で、各国で違法ダウンロードを減少させた実績がある。無料で聴き放題の使いやすいストリーミングサービスがあれば、わざわざ違法ダウンロードをする必要がなくなるからだ。実際、ほとんどのアーティストが楽曲の配信を許諾している。

２０１５年2月、ＩＦＰＩは同年7月から世界全体で新作のリリース日を毎週金曜日に統一することを発表した。その背景には、デジタル化が進み、ストリーミング配信サービスが普及したことで、グローバルな規模で音楽が一気に広がるようになったことがある。各国でリリース日が違うことによって生じる海賊行為を防止する狙いだ。

一方、日本のシングルやアルバムのリリース日は水曜日がほとんどだ。その理由は、それによってオリコンチャートの集計期間に有利になり、初登場のランキングを少しでも上げることが可能になるからだ、と言われる。いまだに「ＣＤを売ってナンボ」の、国内市場しか相手にしない発想が生き残っている。

ＩＦＰＩのフランセス・ムーアは「変化を受け入れなければいけない」と語った。しかし世界第2位の音楽市場を持つ日本では、レコード会社の一部は、ＣＤ中心の市場を何年も維持することを望み続けてきたように見える。内需が強く、変化を厭う。そのことが音楽産業の停滞感や閉塞感に結びついていた。

第五章で語ったように、音楽の中身の「ガラパゴス化」は、それが独自な進化につながるなら歓迎すべきだというのが筆者の立場だ。しかし音楽の聴かれ方や仕組み、業界の「ガラパゴス化」は、リスナーの日常生活から音楽を遠ざけ、結果として音楽シーンの健全な発展を阻害していると言えるのではないだろうか。

この先に何が訪れるのか

さらに筆を進めよう。

こうは書いたものの、おそらく、遅かれ早かれ、日本でも状況は変わっていくはずだ。変化に対応できないものは、徐々に淘汰されていくはずだ。

では、その先に何が訪れるか。

ここ数年、アメリカで起こっていることが参考になる。まず一つ言えるのは、CDとして発売されない「ストリーミング発」のヒット作が生まれる、ということだ。

2016年4月、カニエ・ウェスト『ザ・ライフ・オブ・パブロ』はこれまでにない形で全米1位に輝いた作品となった。ジェイ・Zが運営するストリーミング配信サービス「タイダル」独占で2月にリリースされたアルバムは、4月にスポティファイやアップル・ミュージックなどにも配信を解禁。米ビルボードでは2015年よりストリーミングサービスでの再生回数をチャート集計に加味しており、そのポイントがランキングを押し上げた結果、ストリーミング中心のリリースでは史上初の全米1位を獲得した作品となった。ちなみにアルバムは有料ダウンロード配信されてはいるが、CDとしては発売されず、カニエ・ウェスト自身も「今後自分の作品をCDで発売する予定はない」と公言している。

ストリーミング配信からヒットが生まれるにつれて、各プラットフォームの間での「独占配信」を巡る争いもヒートアップしている。特にビヨンセ、リアーナ、ドレイクなど大物アーティストによる新作の独占配信は加入者数を大きく左右するゆえに、かなりの綱引きが繰り広げられている。

そして、こうした大物アーティストの作品は、予告なくサプライズリリースされるのがもはや一般的になっている。彼らはすでにSNSに数千万人単位のフォロワーを持っているため、マスメディアに頼らずともリリースを告知することができる。情報は瞬時に広まり、ファンやリスナーはこぞってSNSに感想や反響を書き込む。それを見た第三者がリンクをクリックしてストリーミング配信で新作を聴く。こうしてリアルタイムで巻き起こる「話題性」こそが、ヒットの原動力になる。マスメディアはそれを後追いし解説する役割を担う。

音楽を〝売らない〟新世代のスター

さらにラディカルな存在もいる。今のアメリカには、CDを発売したことがなく、それどころか音楽を〝売った〟経験すら一度もないままトップスターに上り詰めたアーティストが登場してきている。シカゴ出身のヒップホップ・アーティスト、チャンス・ザ・ラッパーがその代表だ。

1993年生まれの彼は、2012年、高校3年の春に最初の作品『10デイ』をネット上で発表する。これが現地のヒップホップ・コミュニティで絶賛を浴びたことをきっかけに知名度を上げた。2013年の『アシッド・ラップ』はさらに高い評価を得て、各音楽メディアの年間ベストアルバムで上位に選ばれるようにもなった。特筆すべきは、この2枚のアルバムがすべて無料で配信されたこと。フリーダウンロードゆえにヒップホップ界の用語で「ミックステープ」とも称されたこの2作が大きな話題を巻き起こしたことが、彼の地位を押し上げた。数々のメジャーレーベルが獲得に動いたが、その契約オファーを彼はすべて断った。あくまで有料販売をしないという方針を貫いた。

そしてチャンス・ザ・ラッパーは、2016年5月に新作『カラーリング・ブック』をリリースする。CDもダウンロード販売もなく、アップル・ミュージック限定で配信リリースされた作品だ。アルバムはビルボードチャートで初登場8位にランクイン。ストリーミング配信の再生数によるポイントは数万枚のCDセールスに匹敵する数字となり、史上初の「ストリーミング配信のみで全米トップ10にランクインしたアルバム」となった。

重要なのは、ストリーミング配信によって、若い世代のアーティストが夢を摑むための新しい可能性が生まれていることだ。

この本の冒頭では、「『音楽が売れない』と言われ続けて、もう20年近くが経つ」と書いた。しかし現在のアメリカの状況は、音楽が〝売れない〟という認識のはるか先を進んでいる。意図的に音楽を〝売らない〟ことを選び続けたアーティストが、新世代のスターになり、巨額の収入を得ているのである。

アデルの記録的成功

ストリーミングサービスへの限定配信のみがヒットの条件になっている、というわけでもない。まったく逆の例もある。

アデル『25』がその代表だ。ロンドン生まれの歌姫が２０１５年11月にリリースした3枚目のアルバムは、ポピュラー音楽の歴史に残る記録的なメガヒットを成し遂げた。

『25』は、あえてリリース時点ではアップル・ミュージックやスポティファイなどのストリーミング配信に楽曲を提供せず、従来通りのダウンロード配信とCDのみの形で発売された一枚だ。結果、アルバムはリリース初週に全米で338万枚、全英で80万枚を売り上げ、アメリカではイン・シンク『ノー・ストリングス』(2000年)、イギリスではオアシス『ビー・ヒア・ナウ』(1997年)が持っていた数字を上回る、史上最多の初週セールス記録を達成した。世界中で同時にリリースされたアルバムは各国でヒットとなり、計32ヵ国でチャート1位となった(ちなみに日本では7位だった)。

規格外のヒットはその後も続いている。2016年5月には全世界で1800万枚のセールスを達成。その後6月にはようやくストリーミングサービスに解禁され、その再生回数が再びチャート順位を押し上げる形でロングヒットを続けている。

ここでの重要なポイントは、今の時代も音楽シーンに「スターが生まれている」ということだ。それも、グローバルな規模で圧倒的なスケールの成功をおさめるアーティストが登場している。アデルは間違いなくその代表だ。2008年にイギリス最大の音楽授賞式「ブリット・アワード」の批評家賞を受賞し注目を浴びた彼女は、同年にリリースしたデビュー作『19』でそのソウルフルな歌声が絶賛され、若き実力派女性シンガーとしての座を揺るぎないものにする。さらに2011年にリリースされた『21』が決定打となった。ファッション性やポップアイコンとしての存在感、セレブスターとしての話題性ではなく、純粋な歌の力だけで支持を広げた。結果、アデルは翌年のグラミー賞の主要3部門を独占。アルバムはロングセールスを続け、その売り上げは全世界で3000万枚となる。

そんな状況の中、4年ぶりのアルバムとして発表されたのが『25』だった。ドラマティックな楽曲と圧倒的な表現力を持った歌声が、世界中でセンセーションを巻き起こしたのである。

「ニッチの時代」は来なかった

アデルの成功が象徴する、一つの事実がある。

少し前まで、インターネットの普及は「ニッチの時代」をもたらす、と思われていた。米『ワイヤード』誌の編集長をつとめていたクリス・アンダーソンが提唱した「ロングテール」という概念がそのキーワードとなった。彼が2006年に刊行した『ロングテール――「売れない商品」を宝の山に変える新戦略』(早川書房)はベストセラーとなり、多くの人々がその考えに共鳴した。

人々の興味は細分化している。それぞれの価値観は「島宇宙化」している。一方で、ITの進歩によって多数の商品の管理や宣伝コストは限りなくゼロに近づいている。その結果として「ニッチ商品」(=ロングテール)が力を持ち、ビジネスのあり方は「ヒット主導型」ではなくなっていく——。そう信じられていた。

しかし、現実は違った。

10年代、グローバルなポップ・ミュージックのシーンには『ロングテール』で描かれた予測とはまったく異なる状況が訪れている。一部のトップスターのメガヒットが利益の多くを占める「ヒット主導型」の世界が広がっている。

アデルだけではない。ビヨンセ、リアーナ、カニエ・ウェスト、ジャスティン・ビーバー、テイラー・スウィフトなど、スーパースターたちの存在感はさらに増している。

ハーバード・ビジネススクールの教授であるアニータ・エルバースは、著書『ブロックバスター戦略——ハーバードで教えているメガヒットの法則』（東洋経済新報社）の中でその背景を分析している。

近年のエンタテインメント業界では、ヒットが確実な作品に対して集中的にマーケティング費用を投下するようになった。この「ブロックバスター戦略」により一部の売れ筋に人気が集中するようになったという。

音楽だけではない。ハリウッドでは大作映画に巨額の制作費と宣伝費が投下される。出版業界においても一部のベストセラー作品が利益のほとんどを叩き出す。スポーツ界においても高額な年俸でスーパースターを集めるサッカークラブが高収入を上げている。

こうした「ブロックバスター戦略」は以前からあったものだが、インターネットが普及した結果、さらにその有効性が高まったというのがアニータ・エルバースの論だ。

ロングテールとモンスターヘッド

『ブロックバスター戦略』の中では、デジタル音楽市場の分析によって「ロングテール」の実態が解き明かされている。

事実、かつてに比べてリリースされる作品の量は格段に増えた。制作費が安くなったこと、誰もがネットを通して作品を発表できるようになったことで、とても広大なニッチ市場が成立するようになった。ロングテールは確かに長くなった。しかし、その先端は極端に細くなり、ロングテールの先っぽは、儲けを生み出すにはほど遠い小規模の売り上げのものが占めるようになった。

その一方で、SNSが普及したことで「みんなが話題にしている」という状況がもたらす波及力がさらに増した。人々は、周りの人と同じ音楽を聴きたがり、同じ映画を観たがるようになった。エンタテインメント産業における勝者の影響力がより強くなった。結果、圧倒的なスケールで成功をおさめるトップスター、いわば「ロングテール」と対極の「モンスターヘッド」の存在感が増した。

同書の中では、かつて「ロングテール」理論の信奉者だったというグーグル会長のエリック・シュミットの発言が引用されている。

「インターネットはむしろ、これまで以上に大がかりなブロックバスターやブランドの集中化を招くことになるだろう。……人がたくさん集まれば、やはりスーパースターが欲しくなるものだ。今の時代、スーパースターはアメリカにとどまらず、世界のスーパースターになる。つまり、世界的なブランド、世界的な企業、世界的なスポーツ選手、世界的な有名人ということだ」

（アニータ・エルバース『ブロックバスター戦略』東洋経済新報社）

10年代、グローバルな規模でビジネスを行うＩＴ企業とメディア・コングロマリットは、エンタテインメント産業を一つの方向に向かわせようとしている。それは、いわば「ロングテール」と「モンスターヘッド」が二極化した世界だ。

リリースされる楽曲、市場に投下される作品の数は指数関数的に増え続ける。その一方で、ごく限られたトップスターが名声を独り占めし、「圧倒的勝者」として君臨する。そんな時代が、この先に訪れようとしている。

サブカルチャーとしての日本音楽

こうしたグローバルな音楽市場の中で、日本発のポップ・ミュージックはどういう位置を占めているのだろうか。

第五章ではBABYMETALやPerfume、きゃりーぱみゅぱみゅなどの海外進出の成功について書いた。ただし、これらの日本のアーティストも決してメインストリームでの成功を収めているわけではない。その知名度はアデルやビヨンセやジャスティン・ビーバーのような世界規模のトップスターにはほど遠い。むしろ、各国の文化的なマイノリティ層が愛するサブカルチャーとして広まっている現実がある。

最も海外で成功を収めた日本のロックバンドの一つであるL'Arc~en~Ciel、そしてやはり世界中で大きな支持を広げるボーカリストHYDEのユニットVAMPSのマネジメントを行うマーヴェリック・ディー・シー・グループのトップである大石征裕も、そのことを指摘している。

今後、アーティストも英語、現地語でのパフォーマンスや、コミュニケーション能力が求められると思います。インタビューに英語や現地語で対応できなかったら、ニッチなサブカルチャーで終わってしまうんです。L'Arc~en~Cielも正直、今はまだメインカルチャーの域には至っていない。現在、海外展開をしている多くの日本のアーティストも残念ながらそれは同じです。（中略）

アニソンを起点に、〝日本のロックバンド〟のL'Arc~en~Cielは、1回は通用し、エンタテインメントとしては成功しました。でも、2回目は、メインカルチャーで正面からいかない限り、成功はないと思ってます。

（『Ｊ－ＭＥＬＯ』が教えてくれた世界でウケる「日本音楽」』ぴあ）

こうした試みは今も繰り返されている。ただ、日本のポップ・ミュージックがメインカルチャーの領域での成功を収めるかどうかは、いまだ未知数だ。

小室哲哉が見出す「音楽の未来」

世界のエンタテインメント産業の趨勢は「ロングテールとモンスターヘッドが二極化した状況」に向かっている。グローバルなポップ・ミュージックの市場は、無数のニッチと、ごく一部の突出したメガヒットとの両極に分断されつつある。ストリーミング配信とＳＮＳの普及がそれを加速していく。

こうした未来をどう思うか。ポップ・ミュージックの先行きをどう捉えているか。本書のインタビューに登場してもらった小室哲哉、水野良樹、unBORDEレーベルヘッドの鈴木竜馬の3名に尋ねた。

小室は、アデル『25』が世界中で記録的なヒットとなったことについて「音楽の未来への明るい材料だと思います」と語る。そして、その成功の理由を「圧倒的な歌唱力にある」と分析。数十億人に一人のレベルの才能が世界的な成功を収める時代になってきているということを、ポジティブに捉えている。

「全世界の音楽業界という意味では、アデルのような存在が光明になっていると思います。音楽の力だけでたくさんの人々に『なんだかわからないけど、すごい』と言わせられるかどうか。歌唱力だけじゃなくてもいいんです。ジェイ・Zやエミネムにしても、圧倒的な迫力がある。そういうカリスマ性を持っている人は、やはりこの先の音楽業界にとって明るい兆しとなってくれるんじゃないかと思います」

ただ、日本の音楽シーンからそういった世界的なカリスマを生み出すのは現時点では難しい。そのためにも学ぶべきことは多いと小室は言う。

「やっぱり向こうの人たちを見習うということは大事だと思います。K－POPの担い手にも見習わなきゃいけないことがたくさんある。彼らは英語力もあるし、ハリウッドやニューヨークのエンタテインメントを死ぬほど勉強していますから」

巨大な才能の持ち主が「圧倒的勝者」となる。日本のポップ・ミュージックにおいてもそういった未来が訪れるというのが、小室の見方だ。

「僕らがしなければいけないのは、なんとかして原石を見つけるという作業だと思います。僕も日々、それをやり続けている。才能を見つけて、育てていきたいですね」

unBORDEの挑戦

一方、ロングテールとモンスターヘッドの二極化に対抗するもう一つの可能性を追求しているのが、ワーナーミュージック・ジャパン内に2010年に設立されたレーベル「unBORDE」だ。

中田ヤスタカやきゃりーぱみゅぱみゅ、RIP SLYMEなどの所属する同レーベルは、ユニークで〝尖った〟個性を持つバンドやアーティストが集まっていることで知られる。2010年に第1弾アーティストとしてメジャーデビューした4人組ロックバンド「神聖かまってちゃん」がその代表だ。ボーカル・の子の破天荒なキャラクターと動画の生配信などネットを駆使した活動が話題を呼び、デビュー後も変わらぬスタンスでキャリアを重ねている。

「インターネット世代」を代表するＤＪ／トラックメイカーのtofubeatsも同レーベルに所属している。00年代中盤、中学生の頃からフリーダウンロードで楽曲を発表しネットを拠点に支持を広げてきた彼は、２０１３年に発表したアルバム『lost decade』が自主制作でありながらiTunesランキングで総合1位を獲得。メジャーデビュー後の作品も音楽共有サービスのSoundCloudを用いた無料での「全曲フル視聴」と「フリーダウンロード」にこだわり、地元・神戸を拠点に活動を続けている。

彼らが所属するレーベル名の「ｕｎＢＯＲＤＥ」はスペイン語で「境界線」や「エッジ」を意味する単語だ。レーベルは他にもゲスの極み乙女。やａｎｄｒｏｐ、パスピエなど尖った個性を持ちながらセールスと動員を拡大しているバンドが多く所属する。

レーベルヘッドの鈴木竜馬はレーベルの狙いをこう説明する。

「数百万人の不特定多数に向けたミリオンセラーではなく、10万、20万の人たちにダイレクトで届けるということを大事にしています。昔だったら『１００万×１』だった数字を、『20万×5』や『10万×10』のような発想で作っていく。そのためには、学校のクラスの全員じゃなくて、その端っ子にいる少数派に届けることを考える。尖ったものにアンテナを張っている子が最初にそれを捕まえる。そういう人に憧れている隣の友達がそれを真似する。そういう風にしてヒットが広がっていく。音楽以外も含めて趣味嗜好が個々に分かれている今の時代には、『右向け右』の数百万人ではなく、オンターゲットでしっかりと届けることを目指しています」

もともと100万枚が売れれば大ヒットだった日本の音楽産業のスケール自体が、1億2000万人という日本の総人口を考えれば「ニッチ」な業界である、と鈴木は指摘する。その「100万人」が「10万人」となり「5万人」となったことで、市場は縮小したように見える。しかし、その分、リスナーの顔は見えやすくなっている。

健全な「ミドルボディ」を作る

鈴木はunBORDEの舵取りだけでなく、ワーナーミュージック・ジャパンの執行役員として、70〜80年代から第一線で活躍するベテランのアーティストとも仕事を共にしている。そのことで学ぶことも多いと言う。

「ベテランのアーティストの方はみな、90年代、音楽業界の調子がよかった時代がむしろ一過性の風潮だったということを知っているんです。エンタテインメントの世界は華やかであっても、そもそも音楽というものは、バブリーなものじゃなくていい。健全に伝わるものがあれば、そこに余計な余波はいらないと仰る。それはすごく勉強になります」

ただ、ワン・アンド・オンリーな存在であっても、それが商業的に成立しないようではメジャーレーベルでビジネスにする意味はない。広告クリエイターと手を組んだCMタイアップ、ファッションカルチャーとの結びつきなども含め、様々な手法を用いてエッジの効いたアーティストがトータルで魅力を発揮していく環境を作ることが重要だ、と言う。

「嗜好性だけで考えるのは危険ですね。労力は掛かるけど売れない、ということをたくさんやってもしょうがない。そこに甘えがあると、5万が3万になり、2万になり、1万になり、さらにそれを下回っていってしまう。しかし、きっちりといいものを作って、10万、20万に届けていけば、ビジネスとして成立する。ただ、その届き方はもはやCDというメディアでは語りきれない。音楽を中心とした総合的なエンタテインメントをどう作っていくかということが大事になると思います」

unBORDEの発想は、日本の音楽シーンの未来を示す一つのキーとなる可能性を持っている。

シーンの中で独り勝ちを収める「モンスターヘッド」でもなく、アマチュアレベルの売り上げに留まる「ロングテール」でもなく、その中間の「ミドルボディ」を充実させる。そういった層のアーティストを多く育てていく。不特定多数のマスを相手にヒットを狙うのではなく、アーティストが自らの個性を発揮し、それに共鳴するファンやリスナーの輪を着実に広げていく。そういう環境を作り、広げていくことが、日本の音楽シーンの多様性と豊かさに繋がっていくはずだ。

水野良樹が語る「ヒットの本質」

では、いきものがかり・水野良樹は、音楽シーンの未来にどんなビジョンを抱いているのだろうか。

第一章で語ってもらったように、単にアーティストがライブ主体に活動を続けていく、音楽産業がビジネスとして成立するということだけでなく、「みんなが知っているヒット曲」がこの先も生まれてほしい、というのが水野のスタンスだ。

「おそらく、音楽産業がある程度の形で残っていくだろうとは思います。音楽好きの人たち、音楽に対してもともと積極的な気持ちを持っている人たちがそれを支えていくようになる。それって、ある意味、とても幸せな世界だと思うんです。きっとその場所には音楽が好きな人しか集まってないから、作品はすごく良いものができていくかもしれないし、文化がすごく深まっていくかもしれない。そういう可能性は感じます。でも僕はやっぱりヒット曲が社会に影響力を持っていた時代に憧れてきた人間なんです。そういう人間である僕からすると、その〝音楽好きの人たちだけで回っている世界〟を出ないと意味がない。自分だけでは届かない人と繋がれるからこそ、曲を作る意味があると思うんです」

水野は、自分の作った歌が「届かない人にまで届いた」という実感を持っている、と言う。その表現は「ヒット」の本質の一つを射抜いている。

「どうしても『ありがとう』の話になってしまうんですけど、農村や漁村のおじいちゃん、おばあちゃんが、あの曲を聴いているんですよ。いきものがかりは知らないけど『ありがとう』は知っているという人がたくさんいる。たとえば、僕があるとき、お弁当屋さんで惣菜を選んでたら、たまたま店内放送で『ありがとう』が流れていて。それを聴いた若い夫婦が隣で会話していたんです。奥さんが『あ、これ「ゲゲゲの女房」の曲だわ。私、この曲、好きなの』って言って、旦那さんが鼻歌を歌ったりして。でも、もちろん僕には気付いていない。作った人が隣にいることなんて全然気付いてなくて。そのときに『あ、この曲、ヒットしたな』って思ったんですよ。そういう風に、音楽がいろんな人の普通の日常生活に溶け込んで、僕らが普段行かない場所、自分だけでは届かない人にまで届いたときに『ヒット』の実感があります。

たとえば音楽評論家の方が褒めてくださったりしても、それはもちろん嬉しいし、とても励みになりますけど、『ヒットした』ということではないと思っているんですね。それは自分と同じクラスタというか、自分と同じ興味を持っている人と繋がったということでしかない。僕としては、音楽に興味がないような人にまで届いたときに『ヒットした』と思いますね」

「歌うこと」が一番強い

そして、音楽がヒットするための大きなポイントは「歌う」ということにある、と水野は言う。CD、ダウンロード、ストリーミングなど、音楽を「聴く」方法は目まぐるしく変わりつつある。楽曲を届ける方法にも多種多様のやり方がある。しかし、音楽を広めていく上で根源的な力を持っているのは、むしろ人々がそれを「歌う」ことだ、と語る。

「音楽ということを考えると、『聴く』という言葉を最初に思い浮かべてしまって、そこだけで考えてしまいがちなんですけれど、一番強いのは『歌う』ということだと思うんです。童謡だってそうですよね。歌い継がれることで広まっていく。歌を歌う時って、必ずその人が主役になっていると思うんです。『聴く』というのは受容でしかない。でも、歌う時には自分で声を出している。この違いはすごく大きいと思います」

明治時代に作られた童謡や唱歌も、昭和の歌謡曲も、人々に歌われることで広まり、歌い継がれることで世代を超えていった。そうして、少しずつ、人々の価値観や社会のあり方に影響を与えていった。「歌の持つ力」こそが、ヒット曲の本質にある。水野はそう語る。

「童謡や唱歌って、何もメッセージがないようでいて、実は人々の意識をかなり動かしていると思うんですね。ほとんどの人は曲を知っていても、作った人が誰か知らないじゃないですか。でも、子供の頃に何度も刷り込まれた歌って、その人の倫理意識や社会の価値観にすごく強い影響を与えていると思うんですよね。

たとえば『ふるさと』っていう曲はみんなが知っていますよね。『兎追いしかの山　小鮒釣りしかの川』という歌詞も、みんなが歌える。でも、今の時代、ほとんどの人が山でウサギを追ったことなんてないと思うんですよ。そのことを誰も経験してないのに、何か懐かしい感じがしてしまう。『田舎のふるさとの風景ってこんな感じだろうな』って、なんとなく思ってしまう。明治時代の人が思い浮かべた田舎の情景がいつの間にか定着して、今の時代の人たちの『ふるさと』のイメージになっている。

『上を向いて歩こう』もそういう曲だと思います。あの曲も、時代を超えて人々の価値観に知らないうちにものすごく大きな影響を与えていると思うんですよ。あの曲を通じて『上を向いて歩く』ということが、いつの間にかポジティブな行為として認識されている。もはや誰もそれを疑っていない。これって本当にすごいことだと思います。

そういうことができてしまうのが『歌の可能性』だと思うんですよね。直接的なメッセージではなく、歌という器を作ることによって、作り手が『こんな世界になってほしい』

と思っていることが伝わっていく。僕はそこに可能性を感じているんです。今の時代は資本主義社会だから、やっぱり、どうしてもお金が動くところに注目が行くと思うんですね。だから、経済やビジネスの部分にものすごく重きを置かれている。でも、音楽が社会に影響を与えるということが、一番大事なことだと思うんです」

音楽シーンの未来

今、ポピュラー音楽を巡る状況は大きな変革期を迎えている。

本書で積み重ねてきた各方面への取材は、結果的に、その中で「時代にあわせて変わらなければいけないもの」と「時代を超えて変わらないもの」を浮かび上がらせることになったのではないかと思っている。

前者の「変わらなければいけないもの」は、ヒットを成り立たせる環境、すなわち音楽を届ける媒介だ。ＣＤから配信へ、という話だけではない。テクノロジーの発達とインターネット普及後のメディア状況の変化は、音楽だけでなく、人々とポップ・カルチャーとの関係をドラスティックに書き換えている。

かつての「お茶の間」は、もはや存在しない。第三章で触れたように、テレビを筆頭とするマスメディアは力を失い、それぞれが自分の興味対象に没頭し体験を消費するパーソナルな「島宇宙化」の時代が訪れている。しかしその一方で、グローバルなポップ・カルチャーにおいては、この章で書いたような「ロングテールとモンスターヘッドが二極化した世界」が到来しようとしている。

その上で音楽シーンの未来を考えるならば、その鍵は、アイドルも、ロックバンドも、シンガーソングライターも、ダンス&ボーカルグループも、アニメソングも全て含めて、様々なジャンルに横断して広がっている、今の日本のポピュラー音楽の「多様性」をどう届け、どう伝えていくかにかかっているだろう。ヒットチャートには音楽の流行や話題をより正確に、よりリアルタイムに可視化する仕組みが求められていくはずだ。

そして後者の「変わらないもの」は、ポップ・ミュージックが持っている価値そのものだ。音楽は、常にその時、その時の社会と共にある。

この本の冒頭には、「かつて、ヒット曲は時代を反映する〝鏡〟だった。果たして、今はどうだろうか?」と書いた。筆者の考えとしては、その答えは、今も昔も、そしてこの先の未来も常に「イエス」だと思っている。

おわりに

今の日本の音楽シーンは、とても面白い。

そういう素直な実感から本書の構想は始まった。10年代に入って、確実にそれ以前とは違う状況が訪れている。アーティストたちは百花繚乱の活躍を見せているし、ビジネスとしてもようやく低迷期を脱しようとしている。日々の取材の中でその確信は強まっていた。

なのに、いわゆる音楽業界について語られる言葉は、いまだ旧態依然としたものばかりに思えた。ＣＤが売れない。配信もパッとしない。先行きは閉塞感に包まれている……。「本当にそうなの？」という率直な疑問があった。ライブ市場の活況は伝えられるものの、それが本当に意味すること、その先にあるものは語られていないとも感じていた。

だから、実のところ、最初は「Ｊ－ＰＯＰの未来」とか「ポップ・ミュージック未来論」みたいな、もっとポジティブな言葉を書名にするつもりだった。成立しなくなったのは複製品を大量生産するかつてのビジネスモデルとゴリ押し的なヒットの方法論だけで、この先は、各地に点在する〝熱気〟に価値がある時代がやってくる――そんなことを書こうと思っていた。

が、「それって『ヒットの崩壊』ということですよね」という指摘を編集の方からいただいたことで、書くべきことが一気にクリアになった。「ヒット」という得体の知れない現象について、しっかりと向き合って考えるきっかけが生まれた。そこから本書の全体像がまとまっていった。

2016年は、おそらく後から振り返ったときに、日本の音楽シーンの「時代の変わり目」として思い出される年になるのではないかと思っている。SMAPが年内いっぱいでの解散を発表した。宇多田ヒカルが久しぶりの新作『Fantôme』でカムバックを果たし、本人も予想していなかったアメリカのiTunesチャートでのTOP3入りを記録した。映画の世界では、新海誠が監督を、RADWIMPSが音楽を手掛けた『君の名は。』が、まさにブロックバスター的なヒットを実現した。そして、世界各国で音楽マーケットを刷新してきたスポティファイが、ようやく日本上陸を果たした。現在進行形で様々な状況が変わっていくのを横目に見つつ、それでもここに書いた問題意識はすぐに古びるようなことではないだろうという確信を持って執筆を進めていった。おそらく、この先は、さらに巨大な規模で地球全体を覆い尽くすグローバルなポップ・カルチャーと、ローカルな多様性を持って各地に根付き国境を超えて手を結びあうアートやサブカルチャーとの、新たなせめぎ合いが生まれる時代がやってくる予感がしている。

この本は様々な方の協力なしには成り立たなかった。取材を快諾していただいた小室哲哉さん、いきものがかり・水野良樹さん、オリコン株式会社の垂石克哉さん、ビルボード・ジャパンの礒崎誠二さん、株式会社エクシングの鈴木卓弥さんと高木貴さん、フジテレビの浜崎綾さん、ヒップランドミュージックコーポレーションの野村達矢さん、牧村憲一さん、ワーナーミュージック・ジャパンの鈴木竜馬さんに心から感謝を。そして根気強く並走してくれた講談社の佐藤慶一さんの尽力がなければこの本が出来上がらなかったことも強く実感している。支えてくれた妻にも。どうもありがとう。

未来はもっと面白い。そういう根拠のないけれどワクワクするような感覚が、徐々に広まっていくことを願いつつ。

２０１６年10月

柴 那典

講談社現代新書　2399

ヒットの崩《ほう》壊《かい》

二〇一六年一一月二〇日第一刷発行　二〇一八年六月二七日第五刷発行

著者　柴《しば》 那《とも》典《のり》
©Tomonori Shiba 2016

発行者　渡瀬昌彦
発行所　株式会社講談社
東京都文京区音羽二丁目一二―二一　郵便番号一一二―八〇〇一
電話　〇三―五三九五―三五二一　編集（現代新書）
〇三―五三九五―四四一五　販売
〇三―五三九五―三六一五　業務
装幀者　中島英樹
印刷所　豊国印刷株式会社
製本所　株式会社国宝社
本文データ制作　講談社デジタル製作
定価はカバーに表示してあります　Printed in Japan

本書のコピー、スキャン、デジタル化等の無断複製は著作権法上での例外を除き禁じられています。本書を代行業者等の第三者に依頼してスキャンやデジタル化することは、たとえ個人や家庭内の利用でも著作権法違反です。Ⓡ〈日本複製権センター委託出版物〉

複写を希望される場合は、日本複製権センター（電話〇三―三四〇一―二三八二）にご連絡ください。

落丁本・乱丁本は購入書店名を明記のうえ、小社業務あてにお送りください。

送料小社負担にてお取り替えいたします。

なお、この本についてのお問い合わせは、「現代新書」あてにお願いいたします。

N.D.C.675　238p　18cm
ISBN978-4-06-288399-3

「講談社現代新書」の刊行にあたって

教養は万人が身をもって養い創造すべきものであって、一部の専門家の占有物として、ただ一方的に人々の手もとに配布され伝達されうるものではありません。

しかし、不幸にしてわが国の現状では、教養の重要な養いとなるべき書物は、ほとんど講壇からの天下りや単なる解説に終始し、知識技術を真剣に希求する青少年・学生・一般民衆の根本的な疑問や興味は、けっして十分に答えられ、解きほぐされ、手引きされることがありません。万人の内奥から発した真正の教養への芽ばえが、こうして放置され、むなしく滅びさる運命にゆだねられているのです。

このことは、中・高校だけで教育をおわる人々の成長をはばんでいるだけでなく、大学に進んだり、インテリと目されたりする人々の精神力の健康さえもむしばみ、わが国の文化の実質をまことに脆弱なものにしています。単なる博識以上の根強い思索力・判断力、および確かな技術にささえられた教養を必要とする日本の将来にとって、これは真剣に憂慮されなければならない事態であるといわなければなりません。

わたしたちの「講談社現代新書」は、この事態の克服を意図して計画されたものです。これによってわたしたちは、講壇からの天下りでもなく、単なる解説書でもない、もっぱら万人の魂に生ずる初発的かつ根本的な問題をとらえ、掘り起こし、手引きし、しかも最新の知識への展望を万人に確立させる書物を、新しく世の中に送り出したいと念願しています。

わたしたちは、創業以来民衆を対象とする啓蒙の仕事に専心してきた講談社にとって、これこそもっともふさわしい課題であり、伝統ある出版社としての義務でもあると考えているのです。

一九六四年四月　野間省一